起業から
成長、
そしてさらなる
成長へ

ゼロからプライムへ
50年の情熱と執念
社長の成功体験記

ワイエイシイホールディングス株式会社
代表取締役会長兼社長
百瀬武文 著

発行：ダイヤモンド・ビジネス企画　発売：ダイヤモンド社

まえがき——若き経営者たちの背中を押したい

私はこれまでに3冊の著書を刊行してきた。

4冊目となる本書は、過去の3冊の内容を踏まえたうえで、現在進行形の私の思考のエッセンスを詰め込んだ内容になっている。「私の半世紀にわたる経営経験の集大成」と言ってもよい1冊である。創業50周年記念の出版ということで、社内外の多くの方々に本書を手に取っていただきたいという思いを込めて執筆にあたった。

社内向けには、当社が創業からこれまで歩んできた経緯を詳しく理解し、今後当社がめざして行く方向へ、気持ちを新たに、共に向かってほしいという願いを込めた。

社外向けには、これから起業を目指している方、すでにベンチャー企業を起こした方、また、会社を経営していて、行き詰っている方、つまずいている方などに読んでいただきたいと考えている。

そうした皆さんが何らかの壁に突き当たったとき、本書を開いてほしい。何らかのヒント、もしくは鼓舞される言葉を、そこに見つけていただけると思うからだ。

私自身、半世紀の経営者人生の間には、多くの壁にぶつかってきた。そして、何とかそれを乗り越えてきた。直面する壁の種類は違ったとしても、私が歩んできた道のりは、どの経営者にも参考になると思うのだ。

先人が「ここでつまずいた」という失敗の跡を記した「地図」を持っていたなら、後に続く者たちは同じ場所でつまずかずに済むだろう。本書が意図するのは、そのような役割である。

そして、「アメリカなどに比べてベンチャー企業が育ちにくい」と言われてきた日本に、多くのベンチャー企業が育ちゆく土壌を作る、ささやかな一助となりたい。言い換えれば、「読者を経営者として成長させたい」――私の願いはそこに尽きる。

そうした転ばぬ先の杖となるために、本書では、経営者がぶち当たる壁や問題別に全体を30項目に分けて、紹介させていただいている。自分が興味を持った部分から先に読んでいただいても結構だし、勿論、最初から読んでいただけば、経営者としてのあるべき姿の全体像を把握していただくことも可能だろう。

また、冒頭に成功への道標として企業からの事業成功へのあるべき条件を提示し、各項目とのリンクを記載した。参考にしていただきたい。

元より私は、世に広く知られた有名経営者ではない。それでも、何も土台がないゼロから会社を起こし、その会社を一代で東証プライム上場させたことは、稀有《けう》な体験だと思うのだ。

ワイエイシイホールディングスのそうした実績それ自体が、本書の内容に説得力を持たせる「エビデンス」（証拠）だと、私は考えている。

このささやかな1冊が、日本の若き経営者たちの背中を押す役割を少しでも果たせたなら、著者としてこれに過ぎる喜びはない。

2023年5月30日
ワイエイシイホールディングス株式会社　代表取締役会長兼社長　百瀬武文

目次

0

起業から事業成功までのプロセスとトップのあるべき条件

私がワイエイシイを起業してから、50年の月日が過ぎようとしている。
ワイエイシイは創業時から企業理念を定め、中期事業計画と計画を達成するための戦略を作ってスタート。会社は概ね順調に成長を続け、株式の店頭公開を果たし、やがて、東証二部を経て東証一部（現在は東証プライム）上場企業にまで成長させていただいた。しかし、途中悩んだことも数知れない。

本書は、私の50年にわたる経営体験を集約したものであり、これから会社を興し、社会に貢献したいと思っている方は、是非本書を参考にしていただきたいと願っている。

本編に入る前に、起業にあたっての準備から、事業成功するトップの姿に至るまでの重要なポイントと、本編各項目のどこに詳しく記載されているかを簡単にまとめてみたので、参考にしていただければ幸いだ。

❶準備　企業を決意した時、まず以下の5項目の準備を行う

1. 心の決意
いかなる事態に直面しても絶対に成功させるという強烈な決意、気迫をもつこと。

【関連項目】1「町工場的発想」から脱却せよ（P18）　2経営とは、目標を定め、戦略・戦術を作り、組織を通じて持続的に成果を上げること（P32）

2. 資金確保

3. 強い結束力
複数人でのスタートの場合、全員が心を一つに合わせ、強い結束力を持たなければならない

4. 確保しておくこと
最低限の人材、事業開始に必要な備品などをリストアップし、確保しなければならない

5. 必ず決めなければならないことを明確にしておく
社名、本社所在地、登記に必要な事項のすべて

❷スタート　事業開始に当たって、整理し、明文化するべきこと

1. 理念

当社の場合は、社会貢献することが最大の狙いであると定めた

【関連項目】　4経営者の仕事は「考えること」である（P50）　6納税こそ企業の社会貢献である（P63）　7企業には、あるべき姿を規定した「理念」が不可欠（P68）

2. 事業計画と、計画を達成するための戦略

【関連項目】　2経営とは、目標を定め、戦略・戦術を作り、組織を通じて持続的に成果を上げること（P32）

3. 創業メンバーとの意思統一、リーダーシップ

【関連項目】　14経営者は「提案型ワンマン」たれ（P130）　15経営者は社員に「夢」を語れ（P136）

4. 当初から赤字を出さない強い決意と実行

【関連項目】　5「企業の赤字は社会悪」と心得よ（P56）

5．皆の先頭に立って働く　時間無視で働く
【関連項目】 16経営者の率先垂範が社員を動かす（Ｐ１４４）

❸過程　成長するための具体的な動き

1．仕事第一
常時仕事のことを考えている　年中無休
2．絶対に目標を達成するとの執念の塊《かたまり》
【関連項目】 ２経営とは、目標を定め、戦略・戦術を作り、組織を通じて持続的に成果を上げること（Ｐ32）
3．簡単にあきらめない
【関連項目】 10逆境こそ会社を成長させるチャンス（Ｐ96）
4．常に成長への高い目標を掲げて進める
5．困ったときに頼りにするための経営に関する書籍、経営の先輩
6．Ｐ-Ｄ-Ｃ-Ａの実行

7．全員経営
社員と共に理解しあって、予算達成への戦略を策定し、実行する
【関連項目】３社員一人一人に「経営者意識」を持たせよ（Ｐ40）９社員のやる気を引き出すことこそ、最大の経営強化（Ｐ91）

8．3年先、10年先の成長目標と、目標を達成するための戦略を全員経営で進める
【関連項目】８上場企業にとって、成長は宿命である（Ｐ82）

9．ＳＤＧｓをはじめ、大量販売できる新製品のニーズの取り込みを常時意識している
【関連項目】11経営とは変化対応業である（Ｐ１０８）12新分野への挑戦を忘れてはならない（Ｐ１１６）

10．該当する事業の市場動向の精査
【関連項目】13新製品のヒントは現場にある（Ｐ１２２）

❹経営全般への目配り

1．全体の流れを常にチェックし、反省と対策を
【関連項目】17経営者は「イエスマン」を集めるな（Ｐ１５２）

2. 戦略がうまくいかないときは、都度見直しを行う

3. 事業展開は営業力、技術力を強化して行うが、最終的には営業力が最も重要（教育の強化）

❺成功するトップの姿はこれだ

1. 仕事第一（仕事に関することが常に頭から離れない）

2. 目標は常に成長のみ（将来への夢と希望がいっぱい）

【関連項目】 18経営者の公私混同は崩壊の始まり（P158） 19「人脈作り」を目的化してはならない（P162） 22「共存共栄」としてのM&A（P178） 23グループ会社の切磋琢磨でさらなる成長を（P186） 29会社を高収益体質にせよ（P223）

3. 会社の成長に、仕事に関するすべての事に対して、あくなき執念を持ち、絶対にあきらめない

【関連項目】 14経営者は「提案型ワンマン」たれ（P130） 20人を見極める決め手は「前向きさ」に尽きる（P166） 21人材育成は重要だが、人生観は変え難い

（P172） 27中小企業はグローバル化にどう取り組むべきか？（P206）

4. 全員経営（みんなで成長へ、意志の一致）

【関連項目】 24トップが社員に語りかけることの大切さ（P192） 25事業承継には私心を捨てて臨め（P197） 26「働き方改革」は自発能動で（P202）

5. トップの強い精神力、体力

【関連項目】 28「トップクラスの技術」を持て（P214） 30社長の情熱と執念こそが、企業の命運を決める（P229）

1

「町工場的発想」から脱却せよ

「今日の飯が食えればいい」ではダメ

2008(平成20)年に刊行した私の最初の著書のタイトルは、『町工場的発想から脱却せよ』(幻冬舎ルネッサンス)であった。そのことが示す通り、私の経営観、経営者としての進め方を象徴する言葉といえる。

「日本の町工場はすごい」と、よく言われる。小さな町工場でありながら、世界的にも類を見ない独自の技術を持つ町工場も、日本には多いのだ、と……。

また、人気作家・池井戸潤氏の大ヒット作『下町ロケット』や『陸王』などのように、「すごい技術を持った町工場が、悪い大企業の圧力に屈せず闘う」という物語が、日本人には人気がある。「大企業＝悪いエリート集団、町工場＝善良な庶民たち」といった紋切り型の図式が好まれがちなのは、日本人独特の「判官贔屓《びいき》」の文化だろうか。

私は、そうした町工場を否定するつもりは毛頭ない。また、中にはすごい技術を持った、世界に誇るべき町工場があるのも事実だろう。

一例を挙げれば、東京都北区の「有限会社清田製作所」は、従業員十数名、資本金600万円の小さな町工場でありながら、「世界一の町工場」と呼ばれている。同社は、半導体などの検査に使うコンタクトプローブで世界一、二を争う技術力を持つという。取引先も超一流のハイテク企業ばかり。同社のような優れた町工場が、日本経済の土台を支えているのだ。

しかし、そんな「すごい町工場」は稀《まれ》である。稀少な存在だからこそメディアで取り上げられるのだ。ここで私が言う町工場は、そうした例外的存在ではない、平均的な町工場を指す。

私が東京都昭島市にワイエイシイを創業したのは、1973（昭和48）年のこと。そのときの社員は社長の私を含めてわずか5人であり、まさに小さな町工場そのものであった。出発点が同じなのだから、私が町工場を否定するはずもない。私が否定し、「脱却せよ」と言うのは、あくまで「町工場的発想」なのである。

では、脱却すべき「町工場的発想」とは、具体的にはどういうものか？　それはひと言で言えば、「今日の飯が食えればいい、明日はなんとかなるだろう」というその

日暮らし的な発想である。企業として成長しようとする意欲もなく、5年先、10年先にめざすべき目標や計画もなく、「いまのままでいい」と現状に甘んじてしまうことが、私の言う「町工場的発想」なのだ。

どんな大企業も、出発点は中小・零細企業である。大手メーカーも、最初は小さな町工場から始まっている。だが、そこに甘んじて成長を諦《あきら》めてしまってはいけないのだ。マグロは泳ぐのをやめると死んでしまうという。エラを自分では動かせず、泳ぎながら海水から酸素を補給することで呼吸しているためである。だから彼らは死ぬまでずっと泳ぎ続けるのだ。

私は、企業というのはマグロのようなものだと思う。常に前進・成長し、時代に応じて変化していかなければ死んでしまうのである（「何のための成長か？」といえば、それは利益を上げて納税することを通じて社会貢献するためだ。この点については後の項目で詳述する）。

「今日の飯が食えればいい」「身の丈（現状維持）で問題ない」という「町工場的発想」は、マグロが泳ぐのをやめることに等しく、いずれは呼吸困難に陥り、倒産という名の死に至るのだ。

97％の会社は創業3年以内に倒産

私がそのように考えるようになった、最初のきっかけがある。それは、1973年にワイエイシイを創業する直前のことだ。

当時、私は創業を控え、経営者としての勉強に明け暮れていた。さまざまな経営書・ビジネス書を読み漁っていたのだ。その中の一つに、おおむね次のような一文があった。

「日本で創業された企業のうち、約97％が3年以内に倒産に至る。生き残るのは、わずか3％にすぎない」

この一節に出合ったとき、私は頭をガンと殴られたような衝撃を受けた。「これから自分が飛び込んでいく企業経営は、それほどまでに過酷な椅子取りゲームの世界なのか」と驚いたのだ。

半世紀近く前のことであり、経営書を片っ端から読んでいたため、この一節がどの本に書いてあったのか、記憶が曖昧《あいまい》だ。著者名も忘れてしまった。しかし、文の内容は私の心に深く突き刺さり、刻み込まれたのである。

「これから創立する私の会社は、何としても3%の中に入り、生き残らなければならない」と、肝に銘じた。

しかも、その3%の中には、資金潤沢な大企業が設立した子会社もあれば、形だけ存続している休眠会社、ペーパーカンパニーの類《たぐ》いも含まれているだろう。だとすれば、私たちのように何の後ろ盾も持たず、ゼロから出発した会社が生き残る率は、3%よりもさらに低いはずだ。

そう考えると、会社として長く生き残っていくことがどれほど「狭き門」かがわかり、身の引き締まる思いがしたものだ。

なお、企業が創業後3年以上生き残る確率は、近年では5%程度だといわれている。いずれにせよ、生き残るのがごくわずかである点は変わらない。

受け身の姿勢は倒産リスクに直結

私は創業以前から、勤務先の業務などを通じて、たくさんの町工場経営者を知っていた。そうした経営者の多くが、「今日の飯が食えればいい」という発想で仕事をしていた。オンリーワンの技術など持たず、下請け・孫請け仕事に甘んじており、長期計画など最初から立てていなかった。小説やドラマに出てくるような「すごい町工場」など、ほとんどなかったのだ。

もちろん、当時はその人たちしか知らなかったわけだから、身近に接した町工場経営者のことをそのように思っていたわけではない。「後から思えばそうだった」という話である。

その人たちの顔や言葉を思い出して、「ああいう会社は、いまはうまくいっていても、何らかの逆風に直面すれば倒産してしまうだろう」と、私は考えた。そして、「ワイエイシイがもし倒産すれば、一緒に起業してくれた若い仲間たちを路頭に迷わせることになる。それだけは断じて避けたい」と改めて決意した。

「町工場的発想」とは、成長を求めない「身の丈経営」の発想である。「とりあえず、いま食えているのだからいいではないか」と満足し、新たなチャレンジなどしない。すべてが受け身の姿勢なのだ。

経営者がそうした姿勢で仕事に臨んでいたら、会社は常に潜在的な倒産のリスクを背負うことになる。

同じ取引先がずっと仕事をくれるとは限らない。自社がいま持っている技術が陳腐化しないとは限らない。景気の風向き一つで「今日の飯を食う仕事」はあっさりなくなるかもしれない。そのとき、未来を見据えて「次の手」を打っていなかったら、会社は倒産に陥る。

「3年以内に97%が倒産」という数字は、受け身で漫然と仕事をしている経営者がいかに多いかを示しているのだと思う。

生き残るためには、その逆に「能動的・積極的発想」で経営をしていかなければならない。つまり、「今日の飯が食えればいい」という発想ではなく、成長をもたらす「未来の飯の種」を常に考えること。いまだけを見るのではなく、5年先、10年先の未来を見据えて仕事をするのである。

「未来の飯の種」のため、新しい技術・サービス・事業を常に開拓していく姿勢を保つのだ。そして、いつまでも下請け、孫請けに甘んじるのではなく、自社独自の仕事を開拓していく……そうした姿勢であれば、生き残る確率はかなり高まるだろう。

「倒産は悲劇である」と心得よ

「97％の会社は創業3年以内に倒産する」という知識が一つの原点となったことは、すでに述べた。ここでもう一つ、当時の私の心に強い影響を与えた出来事を紹介しておこう。

それは、ワイエイシイを創業して2年半後のことであった。我が社の取引先の一つが倒産した。そのことによって、我が社も1575万円の不渡り手形を食らった。

そのこと自体も、まだ小さかったワイエイシイにとっては痛手であった。だが、それ以上に私が衝撃を受けたのは、不渡りを食らった取引先を訪問した際、目の当たりにした光景であった。

恵比寿駅の近くにあった会社だった。40年以上前なのにそんなことまで覚えているのは、衝撃が大きかったためだろう。

私が行ったときには、社長はもうどこかにトンズラしていて不在だった。そして、20人くらいの社員たちがそこにいて、集まってきた私たち債権者の目の前で、人目もはばからず大声で口論をしていた。

口論の中身は、責任のなすりつけ合いであった。「会社がこんなことになったのはお前のせいだ！」「何を言ってやがる！　お前のせいだ！」と、罵り合っていたのである。

見ているうちに、誰か一人が別の一人を拳でぶん殴り、殴り合い、取っ組み合いのケンカが始まってしまった。


私はその様子を、止めることもできずに呆然《ぼうぜん》と見ていた。そして、「ああ、会社が倒産するというのはこういうことなんだ」と、しみじみ思った。社長は逃亡し、社員たちは殴り合う……そういうことが現実に起きるのが倒産なのである。

そのとき我が社は、創業3年という節目を目前にしており、「97％の会社は創業3年以内に倒産する」というデータの「残り3％」に、もうすぐ入れる段階であった。だからこそいっそう、そこで見た光景が目に焼き付いた。「うちの会社は絶対に倒産させてはならない」と、改めて決意したものである。

そして、会社を倒産させないためには、何としても赤字を避けなければならない

——そのことも肝に銘じた。後述する「企業の赤字は社会悪」という私の信念が、そのとき強烈に心に刻まれたのだ。

社名に秘められた「若さの力」

なお、「ワイエイシイというのは何の略ですか?」と質問されることがよくあるので、この場で説明しておこう。

創業者の名を冠した会社も多いが、私は最初から、自分の名前を社名につけるつもりは毛頭なかった。企業とは本来「公器」であって、個人の所有物ではないという意識が強かったためである。だから、ワイエイシイも個人の人名とはまったく関係がない。

ワイエイシイの「A」と「C」は、「Automatic Controls」——つまり「自動化機器」の略である。

創業時のメンバー5人は全員が技術屋であり、さまざまな自動化機器を開発することが主な仕事である。そこで、「自動化機器の開発によって社会に貢献する会社にしよう」という決意を込めて、社名にこの言葉を入れたのだ。

では、ワイエイシイの「Y」とは何か？　じつは、これには二つの意味がある。

現在、我が社のホームページなどに書かれているのは、「Yield of Automatic Controls」――つまり「自動化機器を産する会社」の略だというものだ。「Yield（イールド）」は、「収穫」「産する」などという意味である。

しかし、創業当初は「Young Automatic Controls」の略としてつけた社名だったのだ。

「ヤング」は、もちろん「若い」という意味。１９７３年の創業当時、社長の私は35歳。４人の部下はいずれも年下で、20代前半から30代に入ったばかりであった。全員が若かったからこそ、「Young Automatic Controls」という意味合いで社名をつけ、それを略してワイエイシイとしたのである。

ただ、創業から15年以上を経て、社長の私が50歳をすぎたとき、「さすがにもうヤングでもあるまい。ヤングのままにしておいたら、社名の由来を説明するときに恥ずかしい」ということで、Young を Yield に変えたのだった。

なお、はじめからあるもう一つの意味として、ワイ――「Y」の一字に、「三本の矢」のシンボルとしてのニュアンスを込めたということがある。
「Y」の字は、あたかも三本の矢を重ね合わせたようなデザインである。

ワイエイシイにとっての「三本の矢」とは、機械・電気・熱――つまり、わが社が主に扱う領域を意味している。

戦国武将の毛利元就が三人の息子たちに説いた「三本の矢」という有名な故事がある。「一本の矢では容易に折れるが、三本まとめては折れにくい」と、「兄弟が結束することの大切さ」を教えたのである。

ワイエイシイにおける「三本の矢」――機械・電気・熱もそれと同様で、一つの領域に絞ると脆いのに対し、三つの領域をつねにバランスよく手がけているからこそ困難に強い会社でいられる、という戒めを込めている。

2

経営とは、目標を定め、
戦略・戦術を作り、
組織を通じて持続的に
成果を上げること

生き残るためには計画と目標が不可欠

「経営とは何か？」という大きな問いに、ひと言で答えることは難しい。が、敢えてひと言にまとめるとすれば、私はこの見出しのように答えるだろう。

これは、前項の「1　町工場的発想から脱却せよ」と並んで、私の経営観を象徴するフレーズである。要は、成長するための計画と、それを全うするための戦略が、共に「車の両輪」として不可欠であると私は考える。

第一に、目標を定めなければダメ。目標を立てない会社は「今日の飯が食えればいい」という町工場的発想から脱却できていないのだから、いまはたまたま業績が良くても、わずかな環境変化ですぐに危機に陥るだろう。

第二に、その目標は「絵に描いた餅」であってはならず、達成のための具体的戦略・戦術がなければいけない。

経営者の仕事は、目標を打ち出すところまでで終わりではない。達成までの道筋を示し、「この通りにやっていけば達成できるから、頑張ろう」と力強く宣言し、先頭に立って皆を引っぱっていくところまでが仕事なのだ。

第三に、目標達成がうまくいくことで成果を上げないといけない。それも単年度の成果ではダメで、持続的に成果を上げないといけない。

以上三つの条件を端的にまとめたのが、「経営とは、目標を定め、戦略・戦術を作り、組織を通じて持続的に成果を上げること」という言葉なのだ。私にとって、経営の最重要エッセンスはここに尽きる。経営は、枝葉末節を取り払って考えれば、案外シンプルなものなのだ（付け加えるなら、「戦略を打ち出したあと、社員からの意見を聞き、その戦略に全員一致で納得させる」というプロセスも大切なのだが、その点は後の項目に譲る）。

まず、目標・計画について、少し詳しく述べてみよう。

私は経営者として出発したときから、すでに計画と目標を重んじていた。だからこそ、ワイエイシイは創業時点から「第1次5ヶ年計画」を立てていた。私を含めた4人の仲間たちが話し合い、ディスカッションして、1年目から5年目までの売上目標、利益目標などを決め、その数字を全うするための大まかな戦略を立てていたのである。

それは、見る人によっては滑稽に思えることだったかもしれない。全社員わずか5人、最初の「オフィス」は八畳一間に机と電話を置いただけの仮住まいであったからだ。零細企業そのもののそんなちっぽけな会社が、「第1次5ヶ年計画」とは何を大げさな……と思われたかもしれない。

だが、私にとって、仲間たちと作った「第1次5ヶ年計画」は、輝かしい旗印であった。それは、「絶対に3年で倒産するような会社にはならない！」という決意の結晶であったからだ。

そして、私も、4人の仲間たちも、創業当初から「今日の飯が食えればいい」という町工場的発想から脱却できていたということになる。というのも、創業時の部下4人は全員が役員であり、経営者的発想のできるメンバーばかりであったからだ。

これから起業・独立を考えている人たちにまず言いたいことは、とりあえず3年から5年先までの計画・目標を明確に立てるべきだということだ。それこそが、町工場的発想からの脱却の第一歩である。

ただし、それは単なる「絵に描いた餅」であっては意味がない。その目標を達成するために何をどうするのかという、戦略まで練ったものでなければならない。「成長するための計画と、それを全うするための戦略」――二つはワンセットであって、計画だけあっても無意味なのだ。

創業当初は、下請け、孫請けから始まってもいい。ワイエイシイにしても、創業直後は1枚数千円程度の図面作成を他社から請け負って、それで食っていた時期がある。5人とも技術屋、設計屋であり、図面作成はお手のものだったからだ。食っていくためには、そういう仕事も請けないといけない時期はある。問題は、そこで満足してしまい、「下請け仕事でも、食えているからいいか」と思ってしまうことだ。

たとえ下請け仕事であっても、生き残っていく会社は、必ずそこに計画と目標が明確にあるものだ。そして、下請け仕事から少しずつ脱却して、自社がコントロールする形の仕事を増やしていこうとする姿勢が必ずあるものなのだ。

創業当初から目標・計画を重んじてきた我が社だから、もちろん現在もそこを大切にしている。

例えば、毎年4月にスタートする年度の目標については、その4カ月以上前の前年暮れから、社内の議論を始める。どんな目標にするかを、幹部たちが何度も細かくディスカッションして決めていくのだ。

最終的には、3月の半ば頃――つまり新年度開始の直前に、目標が決まる。そのときには、その目標をどのように達成していくのかという細かい戦略部分まで、緻密に組み上げられているのだ。

また、年度目標とともに、それを細分化した月次ごとの目標もあるから、その結果に対するレビュー（評価・検討作業）は毎月行っている。目標と結果を比較し、達成できていなかったら、その原因をきちんと探る。そして、翌月以降にどうリカバリーしていくかも詳しく話し合う。

もっとも、それくらいのことは、きちんとした企業ならどこでもやっていることで、ワイエイシイがことさら優れている訳ではないが、このような基本的なことが重要なのである。

「持続的な成果」が何よりも大事

本項の見出しにした、私の経営観のエッセンスを凝縮した言葉が、「持続的に成果を上げること」となっている点に注目していただきたい。

単に「成果を上げる」だけでは不十分で、「持続的な成果」を上げなければ経営者失格なのだ。

会社には時として、「誰が経営してもうまくいく」という時期があるものだ。だからこそ、一時期だけ成果を上げる経営者がいても、それはその人の力量の証明にはならない。大切なのは、経営がうまくいかなくなったとき、ダメなときに、そこからどう立て直すかということだ。その局面でこそ、経営者の力量が問われるのだ。

1年や2年成果が上がっても、その後売上が下がってしまうようでは、それはその経営者の真の実力であるとは言いにくい。前任者の経営が素晴らしかったお陰かもしれないし、たまたま社会や周囲の環境が会社にとって好条件だったのかもしれないからだ。しかし、10年成果を出し続けたら、それはまぎれもなくその経営者の手柄と言える。「持続的な成果」が、何よりも大事なのだ。

しかし、10年以上も持続的に成果を上げることは、非常に難しい。社会は目まぐるしく変化していくから、同じことをずっと続けていたら、持続的に成果を上げられないからである。次々と新しいもの、新しいやり方を考え、それを実行していくことが求められるのだ。

また、人間というのは、物事がうまくいっているときには、その成功に安住してしまう傾向がある。「うまくいっているのだから、このままでいいだろう」と思ってしまい、その先を考えて柔軟に手を打つことがなかなかできないのだ。

持続的に成果を上げる経営者は、そうした落とし穴に陥ることを免れた存在なのである。

3

社員一人ひとりに「経営者意識」を持たせよ

ここに「経営の勘所」がある

私がよく引用する「経営の神様」と呼ばれる、松下電器産業（現・パナソニック）創業者・松下幸之助《まつしたこうのすけ》氏の言葉に、「社員一人ひとりが自分の仕事の経営者たれ」というものがある。さすがに「経営の神様」と呼ばれる方の名言だけあって、短いシンプルな言葉の中に、経営の勘所が集約されている。

会社が一人では成り立たない以上、社長は社員たちに自らの代理として働いてもらわなければならない。経営の本質とは、〝社長一人ではできないことを、各社員に効率的に分担させること〟に尽きる。だからこそ、社員一人ひとりができるだけ社長と同じ意識に立つことが望ましい。そして、その「社長と同じ意識」こそが、「経営者意識」ということだ。

では、経営者意識とは、具体的に言えばどのようなものか？　それは言い換えれば損益意識である。自分の仕事の損益を常に考え、少しでも利益が出る方法を模索し続ける。そして、そのために少しでも無駄をカットしようと、日夜工夫と改善に努める……それこそが「経営者意識」なのだ。

仮に、社員全員がそのような意識を持っている会社があれば、事業設定に大きな間違いがない限り、その会社は成功するだろう。社長の下に、各部署を仕切る〝ミニ社長〟たちがズラリとそろっているようなものだからだ。それで成功しないほうが、むしろおかしい。だからこそ、「社員一人ひとりが自分の仕事の経営者たれ」という幸之助氏の言葉は、経営の勘所を突いているると言えるのだ。

では逆に、「経営者意識」の対義語とは何だろうか？　それは「雇われ根性」「やらされ感」だと思う。

「雇われ根性」と「やらされ感」でいっぱいの社員は、少しでもラクをして給料をもらおうとする。会社の行く末などどうでもよいと思って、日々の仕事をなんとなくやり過ごしている。

とはいえ、全社員に経営者意識を持たせるのは至難の業だ。多くの社員の中には、どうしても「雇われ根性」「やらされ感」を捨てきれない者が、ごく一部はいるものだからだ。

「社員全員が経営者意識を持っている」というのは理想の状態だが、さりとて、絵に描いた餅のような理想論ではない。経営者は、常にその理想をめざさなければならない。雇われ根性の社員を、可能な限りゼロに近づけるのだ。もちろん、私もその理想をめざして進んできた。

その理想状態を示す言葉こそ、「全員経営」である。私は創業以来ずっと「全員経営」を常に意識し、それをめざして進んできた。「全員経営」こそ、我が社の経営戦略、ひいては私の経営哲学の根幹となるものだ。

「全員経営」の原点は若き日の組合活動

私が創業直後から「全員経営」をモットーとしてきた背景には、若き日に経験した組合活動がある。

私は、昭和32（1957）年に就職のため上京した。入社した「国際電気」という会社は、労働組合が比較的活発であった。その中で、入社2年目くらいにはもう私に組合委員のお鉢が回ってきた。

当時は日本全体が熱い「政治の季節」であり、若者たちはこぞって「60年安保闘争」に関わっていた。私もよく組合の一員としてデモに参加したものである。

若い人は知らないだろうが、樺美智子《かんばみちこ》さんという東大の学生が、安保闘争のデモ隊と警官隊が衝突した際、踏み倒されて圧死した事件（１９６０年6月15日）があった。当時の日本を揺るがした一大事件だ。その事件が起きた当日、私は偶然にもそのデモに参加し、国会周辺をグルグルと回っていたのである。

そのように組合活動に邁進《まいしん》した時期が、私にはあった。昭和38（１９６３）年くらいまでのことである。組合委員長にまではならず、執行委員までで辞めてしまったが、それは会社側と組合三役（委員長・副委員長・書記長）が裏で話し合いをし、「今年の賃上げはいくら、ボーナスはいくらで手を打とう」などと決めていたことを知って、組合活動に幻滅したからだ。

とはいえ、組合活動から学んだことも多かった。特に大きな学びは2点ある。

一つは、過去・現在・未来を詳細に分析し、「未来のためにいま何をなすべきか？」を常に考えておくという計画性である。

もう一つは、幹部だけで物事を決めるのではなく、皆で話し合って方向性を決めることが、組織にとってどれほど大切かということ。

組合活動では、行った活動の内容と感想を、常に全員の前で報告し、皆の意見を聞いてから次の行動を決める。例えば、デモに参加した翌日には、そのデモについての感想を全員の前で述べるのだ。私も感想を言わされ、うまく話せなくて恥ずかしい思いをした記憶がある。そのように、報告と話し合いによる運営が徹底されていた。組合活動そのものには幻滅した私だが、運営方法には学ぶべき点も多かったのである。

組合活動からの二つの学びは、後に起業して経営者となったとき、得難い羅針盤となった。私が経営者として重んじてきた「全員経営」にも、組合活動からの学びが生かされているのだ。

「経営者意識」とは「損益意識」である

さて、社員一人ひとりに「経営者意識」を持たせることが大事だと強調してきたが、具体的にどのようにしたら、経営者意識を持たせられるのだろうか？

言葉だけでは絶対にダメである。例えば、毎朝の朝礼での社長の話で「経営者意識を持て」といくら口を酸っぱくして話しても、それだけでは経営者意識など育たない。もっと具体的に、各社員に責任と自覚を持たせるための「仕組み」が不可欠なのだ。

成功している多くの企業が、そのための独自の仕組みを持っている。一例を挙げれば、お菓子の「シャトレーゼ」を全国展開して成功している「シャトレーゼホールディングス」は、「プレジデント制」という仕組みを導入している。

これは、製造ラインごとに「ロールケーキ・プレジデント」「どらやきプレジデント」などという責任者を置き、社長（プレジデント）と同様にその部門の全責任を担わせるというものだ。製造に限らず、営業・企画・調達などの部門にもそれぞれプレジデントがいるという。

社員の中からプレジデントを選ぶ基準は、「担当ラインや部門を一つの独立した会社と見做《な》し、粗利経費を意識しながら、自覚を持って情熱的にリーダーシップがとれる人」だという。まさに、「社員一人ひとりに経営者意識を持たせる」ための仕組みなのである。

我が社にも、現在のようにホールディングス／グループ会社制になる以前、各事業部長に「ＣＥＯ（最高経営責任者）」を名乗らせていた時期がある。

それは、各自が単なる一事業部長であるのみならず、「一国一城の主」として、独立した会社の社長やCEOのように、事業部に対する「経営者責任」を果たしてほしいという思いからつけた名称だ。その意味で、シャトレーゼの「プレジデント制」に一脈相通ずるものがある（もちろん、かつての各事業部がいまは独立したグループ会社になっているから、「CEO」という名称も消えたのだが……）。

そもそも、私が考える「経営者責任」とは何か？　それは言い換えれば「損益責任」である。企業とは何のためにあるかといえば、儲けを出し、そのことを通じて納税による社会貢献を果たすためである。私はそのことを、グループ会社の社長や各部門のリーダーに、事あるごとに強く言っている。

したがって、各部門のリーダーに「経営者意識を持たせる」とは、その各部門があたかも一つの独立した会社であるかのごとく、「損益意識を持たせること」に他ならない。

そして、その「経営者意識」が、各部門のリーダーまでで終わるのではなく、そこから社員一人ひとりにまで広がり、定着していくことが、私の目指す「全員経営」なのである。

責任を持たせ、「成長実感」を抱かせる

「役職が人を作る」ということがよく言われる。

「彼に部長は荷が重いかとも思ったが、思い切ってやらせてみたら、部長としての役割を立派に果たせているな」――などということが、会社の人事にはよくある。役職を持つことが重い責任感と使命感に繋がり、それがその人を急速に成長させるのだ。

企業の人材活用のポイントは、「いかにしてやる気のある人を採用し、いかにしてそのやる気をもっと伸ばし、持続させるか？」に尽きる。役職もまた、上手に活用すれば、やる気を持続させるためのてことなるのだ。

しかし、ただ単に責任を持たせるだけでは、やる気の持続には繋がらない。彼らがその責任を果たしたとき、また成長を遂げたときには、経営者がそのことを評価し、給与面などで具体的に報いてやらねばならない。責任を持たせることと的確に評価することがきちんと連動してこそ、経営者意識とやる気に結びつくのだ。

昨今の若者は、私たちの若い頃に比べ、簡単に会社を辞めがちだと言われる。そし

て、辞めてしまう若者に辞めた理由を聞くと、いちばん多い答えは「この会社にいても成長できないと感じたから」というものだという。「給与が安いから」とか「人間関係に疲れたから」ではなく（そうした理由もあるだろうが）、「この会社では成長できない」という感覚こそ、若者たちを辞めさせる最大の原因なのだ。これは、経営者として肝に銘じるべき話だと思う。

そして、責任を持たせ、的確に評価することは、相手が確かな成長実感を抱くことに繋がる。だからこそやる気の持続に役立つのだ。社員一人ひとりが経営者意識を持つことと、やる気の持続は、密接に繋がっている。

4

経営者の仕事は「考えること」である

社長とは「24時間考えている仕事」

以前、記者から「百瀬社長にとって、経営者とはどのような存在ですか？」という質問を受けた。要は、私の経営者観を問われたのである。

少し考えて、私は次のように答えた。

「経営者というのは、1日24時間ずっと、経営について考えている存在ではないでしょうか。少なくとも、私はそうです。朝起きてから寝るまで、それどころか寝ている間にさえ、新しいビジネスのアイデアや、いまある経営上の問題解決策などを考え続けています。

そうやって考え続けていると、ふとした瞬間に、目の前にあるヒントを「これだ！」とつかまえることができるのです。そのためにずっと考え続けることが、社長にとっていちばん重要な仕事かもしれません」

「ビジネスのアイデア」ばかり考え続けているというと、何だか金儲けしか頭にない人間のようだが、もちろんこれは一つの例にすぎない。人事について考えていることもあれば、会社が直面する難問の打開策を考えていることもある。

要するに、自分の会社をいまよりもよくするための策を、ずっと考え続けているのが経営者という存在なのだ。

経営者にも、「仕事の日」と休日、オンとオフは当然ある。しかし、真の経営者は会社をよくするための執念を持つ者だから、休日に家でゆったりしていても、心のどこかで会社のことを考えている。たとえば、テレビを観たり新聞を読んだりするのも、「経営のため」である。そのように「常に経営のことを考え続けている」からこそ、会社をよくするためのひらめきを逃がさない。世に言う名経営者は、例外なくそうだと思う。

それが、一般社員と経営者のいちばんの違いでもあるだろう。一般社員は勤務時間を終えてプライベートな時間になれば、会社のことを忘れて自分のことだけ考えていればよい。しかし、経営者はそうはいかない。自宅にいても、プライベートで食事をしていても、風呂に入っていても、いつも会社のことが頭のどこかにあるものなのだ。

あたりまえの話だが、社長は会社に一人しかいない。だからこそ、全社的な重みを持った決断ができるのも、社長だけなのである。何か重大な問題が起きたとき、あるいは重い決断を迫られたときには、社長が対応するしかない。それゆえ、社長は四六時中いつでも会社のことを考え続けざるを得ないのだ。

米シリコンバレーの有名企業のＣＥＯ（最高経営責任者）には、１日の間に何も予定を入れない「考えるための時間」を持っている人が多いのだそうだ。分刻みの多忙なスケジュールの中に、誰とも会わず、何の作業もせず、ただ考えるための時間を確保しておくのである。

そういう時間が毎日の中にあるからこそ、時にひらめきも生まれるのだろう。まさに、「社長の仕事は考えること」という本質を理解していればこその習慣である。

もっとも、私には「考えるための時間」などという贅沢なものはなく、いつも何かをしながら経営のことを考えているのだが……。

考え続けるからこそ、ひらめきを逃さない

ずっと考え続けているからこそ、ひらめきが生まれる――これは、もちろん経営に限ったことではない。科学の世界の大発見も、世界的な大発明も、当事者が考え続けた末に、ふと目にしたものからひらめくケースが多い。

アイザック・ニュートンはリンゴが落ちるのを見て、万有引力という真理に気付い

たという。それは、目の前でリンゴが落ちたその瞬間まで、彼がそのテーマについて考え続けていたからこそである。研究室の中でのみ考えるような中途半端な思索では、そのひらめきは生まれなかっただろう。

経営者の場合も、社長室にいる間だけ会社のことを考えていたのでは、ひらめきのドアは開かないものだ。私が経験からつかみ取ったこの真理を、人気脳科学者の中野信子《なかののぶこ》さんが別の角度から解説していた。おおむね次のような話である。

《流れ星に願いごとをすると、願いが叶うと言われるのはなぜでしょう？　もちろん、流れ星が願いを叶えてくれるわけではありません。自分がいつもそのことを思い続けているからこそ、願いは叶うのです。

流れ星が光っている時間は、わずか0・5秒くらい。だから、いつも願いを思い続けている人でないと、叶えてほしい願いを考えている間に流れ星は消えてしまいます。

願いごとを言えるのは、そのことを思い続けていた人だけ。いつも思い続けている願いだからこそ、日々の行動も無意識のうちに願いを叶える方向になり、いつしか願いは叶うのです。つまり、願いを叶えた力は、その人自身の中にあったのです》(中野信子著、アスコム刊『世界の「頭のいい人」がやっていることを1冊にまとめてみた』の記述を要約)

願いごとだから「思い続ける」と表現されているが、「24時間仕事について考え続ける」ことに置き換えても納得できる話である。

以上のような話を、私はグループ会社の社長たちに対してよく言う。「君たちも、社長である間は、常に会社を良くする方法について考え続けるように心がけてくれ。そうすれば、大切なひらめきを捉えることができる」と……。

それは、相手が社長だからこそ言うのである。人生は一度しかない。人によっていろんな考え方がある。だが、社長になったからには、常に会社のことを第一に考えてほしい。

読者諸氏の中でも、経営者、もしくは経営者をめざしている人に対しては、「24時間、会社のことを考え続けること」をお勧めしたい。そこまでやってこそ経営者なのである。

5

「企業の赤字は社会悪」と心得よ

「赤字は罪悪」と言い切った松下幸之助氏

我が社のグループ会社の一つの前社長が、私との出会いについて綴《つづ》ったコラムの中で、次のように書いていた。

「M&Aによりワイエイシイグループの一員となって、百瀬社長から『利益が第一。利益を出さないのは社会悪である』と言われたのは、ちょっとしたカルチャーショックでした。

最初は『こんな考え方をするのか』と、発想の違いに驚きましたが、一種のショック療法だったのでしょう」

この一節を読んで、むしろ私のほうが驚いた。というのも、私にとって、「利益を出さないのは社会悪である」というのは、あまりにも当たり前のことだからだ。

企業にとって、利益が出ないこと、赤字になることは、何としても避けたいことである。そこまでは誰もが皆同じ考えだろうが、「企業の赤字は社会悪」とまで言うと、世間一般の捉え方とは少し異なるようだ。

中小企業の経営者が、赤字を出したとする。そのとき社長は、従業員や株主、取引先各社に対しては「悪いことをしたな」と思うだろう。

従業員に対しては、ボーナスの額が減るなどの実害がある。株主に対しては、その株が配当利益に繋がらないという実害がある。取引先に対しては、不安にさせるなどという実害がある。そうした実害に対して「申し訳ない」と感じるわけだ。

しかし、「赤字を出して、社会に対して申し訳ない」とまでは、なかなか思えないものらしい。さしずめ、「会社と社会は別物だ。うちの会社が赤字を出したからといって、社会に対して『申し訳ない』と思う必要などない」といった気持ちだろうか。

そう思う経営者は、私とは根本的に考え方が異なる。私は創業当時から「企業は社会の公器である」という思いが強かった。故に、社会に対する責任ということを強く意識して経営してきたのだ。

その点で私が強く影響を受けているのは、松下幸之助氏の思想である。幸之助氏は、「赤字は罪悪」ということを主張した経営者であるからだ。

一般に、企業の営利活動と社会貢献は相矛盾するという見方が根強くある。経営者が儲けることばかり考えるのは恥ずかしいことであり、利益の一部を福祉団体に寄付するなどして、社会に還元することが望ましい――そんな見方だ。

そのような見方は昔からある。江戸時代の封建社会で商人が「士農工商」の最下層に位置づけられたように、古来、商売で儲けることは「卑しいこと」とされてきたのだ。

そうした風潮に抗して、幸之助氏は創業以来、従業員が胸を張って商売に邁進できるような「大義」を求め、思索を続けた。そして、ついに辿《たど》りついたのが、企業が利益を上げること自体が社会貢献なのだと捉える思想である。

それは、後に「水道哲学」と名付けられた。〝松下電器産業が皆で一生懸命生産・販売を行い、あたかも水道の水のように無尽蔵に、社会に対して安価な電気製品を供給していくことこそ、我が社の大義である〟――大要そのような考え方だ。

幸之助氏の代表的著作の一つ『実践経営哲学』（ＰＨＰ文庫）に、次のような一節がある。

「企業の利益というと、それをなにか好ましくないもののように考える傾向が一部にある。しかし、そういう考え方は正しくない。もちろん、利益追求をもって企業の至上目的と考えて、そのために本来の使命を忘れ、目的のためには手段を選ばないというような姿があれば、それは許されないことである。

けれども、その事業を通じて社会に貢献するという使命と適正な利益というものは決して相反するものではなく、その使命を遂行し、社会に貢献した報酬として社会から与えられるのが適正利益だと考えられるのである」


このような経営哲学に立っていたからこそ、幸之助氏は「赤字は罪悪」と捉えたのだ。企業の利益は社会に貢献した結果として得られるものであるから、赤字は「社会に貢献をしていない」ことを意味する。また、企業は社会にとって大切な人々を従業員として預かり、さまざまな社会資本（インフラ）を使って企業活動をしているのだから、にもかかわらず赤字を出すのは、社会に対してマイナスを与えることになり、その点でも罪悪だ、と……。

私もまったく同意見であり、だからこそ、常々「納税こそ企業にとって最大の社会貢献である」と主張している（この点は次の項目で詳述する）。

本項の冒頭で紹介した、「利益が第一。利益を出さないのは社会悪である」という私の言葉も、そうした考え方に沿ったのである。赤字は、直接の実害を被るステークホルダーに対してのみ悪なのではない。社会悪なのである。

社会悪だからこそ、赤字は絶対に避ける

私がワイエイシイ創業以来、「絶対に赤字を出さない！」という強い決意で経営に臨んできたのも、「赤字は社会悪」という強い信念があったからこそだ。そして実際に、創業以来の23年間、一度も赤字を出さずにやってきた。

残念ながら、創業24年目に初の赤字を出してしまった。そのことについては後の項目で詳しく述べるが、ともあれ、そこまでの23年間赤字を出さなかったことは、経営者としての私の誇りになっている。

そして現在も、ワイエイシイグループ各社のトップには、「赤字は絶対に出してはいけない」と、常々口を酸っぱくして言っている。また、「経営者の最大の任務は損益に対する責任」とも言っている。

各社の社長は会社の損益に対して責任を負っているのだ。そう思うからこそ、2年続けて赤字を出すようなトップは、原則的には交代せざるを得ない。そのような厳し

い経営姿勢で、私は臨んでいる。

また、トップが「絶対に赤字を出さない！」という強い決意と緊張感で臨んでいれば、2年連続の赤字になどならないものである。赤字は避けられるものであり、避けられないのはトップとしての「儲けに対する執念」の不足にほかならない。

もちろん、実際に現場で仕事をするのは従業員たちだが、儲けに対するトップの執念は、従業員に必ず伝わるものだ。そして、彼らの仕事に対する姿勢を真剣なものに変える。そのことによって、赤字を出さない会社になっていけるのである。

それに、トップが「絶対に赤字は出さない」という覚悟で臨んでいれば、状況が悪いほうに傾いたとき、打つべき手はいくらでもあるはずだ。

6

納税こそ企業の
社会貢献である

納税と「ＳＤＧｓ」の関係を考える

この項目は、前項とワンセットである。私が「企業の赤字は社会悪」と考える理由の一つは、赤字では会社が存続できないのはもちろんのこと、それ以前に納税できないことにある。私の納税観をここに綴っておきたい。

近年、「ＳＤＧｓ」（Sustainable Development Goals＝持続可能な開発目標）という言葉が脚光を浴びている。周知のとおり、国連が２０３０年までに達成すべき世界共通の目標として掲げたものである。

それは、少し前から言われている「ＣＳＲ」（Corporate Social Responsibility＝企業の社会的責任）とも地続きであろう。企業が利潤を追求するだけでなく、事業が社会に及ぼす影響について責任を持ち、環境問題など、社会が直面する課題に貢献していくべきである、という考え方である。

かねて「企業は社会の公器」と考えてきた私にとって、各企業が社会貢献を考えるようになってきたこと自体は、大歓迎である。

ただ、「企業は利益を上げるだけではダメで、事業とは別に社会貢献しなければならない」と捉えている人が多いようで、そこには違和感を覚える。

私は、利益を上げて納税することそれ自体が、企業にとって最大の社会貢献だと考えている。「利益を上げて納税するだけでは不十分で、余った利益を社会福祉法人に寄付するなどしなければならない」という考え方は、偏っていると思う。

「事業とは別に社会貢献をしなければならない」としたら、CSR活動は、潤沢な余剰利益を持つ企業にしかできないことになってしまう。

私はそのように考えない。むしろ、「納税こそ最高のCSR活動である」というのが、私の信念である。

普段は意識しないかも知れないが、企業は事業活動を行うにあたり、多くの税金の恩恵を受けている。

まず、企業が社員として採用する学生は、税金によって運営される義務教育の場で勉強するための環境が与えられている。義務教育ではない高校、大学にも補助金という形で多くの税金が投入されている。二つめに、道路や橋などのインフラも、企業は当たり前に使って事業活動をしているが、これも税金によって整備されている。三つめに、日本は世界で5番目に安全な国と言われており、警察、消防、自衛隊などに守られているのである。言うまでもなく、これらも税金で成立している。

このように、企業は多くの税金の恩恵を受けて、事業活動を行っているのである。それにも関わらず、日本の企業全体の3分の2が赤字であると言われている。つまり、3分の1の企業しか税金を納めていないのである（消費税などの一部の税及び資本金1億円以上の企業を除く）。これは、看過できない問題であると私は考えている。

税金の恩恵を受けて、安全かつ快適に事業活動を行う企業は、利益を出して、税金を納めることによって社会貢献を果たす。儲けが多ければ多いほどたくさん税金を払えるのだから、たくさん儲けを出して、たくさん税金を払うことによって、より多くの社会貢献を果たさなければならない。これが、私の考える会社の存在意義である。

理念に「納税額の拡大」を謳《うた》う理由

我が社の理念については次項で詳述するが、理念のうちの「成長理念」には、「国、地方自治体に、より多く納税する」という項目があり、「究極の理念」には「納税額の拡大」という項目がある。

私と同様に、「納税こそ企業の社会貢献である」と考えている経営者は多い。ただ、ワイエイシイのように、企業理念にまで納税のことを謳っている会社は、さすがに珍しいと思う。

理念は、企業の根幹となる考え方を示すものである。その中にまで「納税額の拡大」を入れるくらい、ワイエイシイは納税を重視して歩んできたということだ。

そもそも、企業は社会の力を借りずには活動できない存在である。例えば、原材料や商品を輸送するためにも、公共の道路を使わなければならない。

もっとわかりやすい例を挙げれば、企業に対して国や地方自治体から出されるさまざまな補助金・助成金は、当たり前だが税金を原資としている。それらは、企業の行う事業が社会のために役立つと期待されるからこそ提供されるものなのだ。企業はそのように社会に支えられているし、社会の一部も企業の納める税金によって成り立っている。

まさに企業は「社会の公器」であり、利益が出たらその一部を社会に還元する義務を持つ。その還元の手段の一つこそ、納税なのである。

7

企業には、あるべき姿を規定した「理念」が不可欠

理念は「企業にとっての憲法」

明確な企業理念を持っていない会社は、意外に多いものだ。中小企業に多いが、大企業にもけっして少なくない。私がワイエイシイを起業する前に勤務していた「国際電気株式会社」（当時の社名）は、３０００人以上の社員を抱える大企業だったが、企業理念はなかった。もしかしたら、どこかの書類には明記されていたのかもしれない。しかし、同社で16年間も働いた私が知らなかったくらいだから、なかったのと同じことである。

だから、私は自分が起業を考えたときに初めて、企業理念の重要性を知った。当時、起業準備の勉強のため、さまざまな経営書を濫読したことはすでに述べた。そのうちの1冊に、「企業には理念が必要だ。理念は、その企業が進む方向を定める羅針盤の役割を果たす」と書いてあったのである。

「なるほど、羅針盤か。それなら、私が作る会社にも理念が必要だな」と思い、私が4項目からなる理念を考えた。ワイエイシイは後に理念を新たに作り、計3種類の理念を持っているので、区別のために「創業理念」と呼んでいる。次のようなものだ。

「創業理念」（1973年）

1．技術集約会社

2．旺盛なバイタリティー

3．リスクに果敢にチャレンジする

4．少数精鋭主義

この4項目に私が込めた思いを、解説してみよう。まず、最初の「技術集約会社」とは、私も含めた5人の創業メンバーが全員技術者であったことを踏まえている。全員が、国際電気で半導体製造装置の設計者をしていたのだ。

ここで、創業までの経緯を簡単に説明しておこう。私たちは5人とも、国際電気の子会社であった国際電工株式会社への出向を命じられた者同士であった。私はその子会社で課長を命じられた。そこでの仕事に不満があったわけではないが、出向を命じられたこと自体に、「本社は私を必要としていないのではないか？」という不安と寂しさを感じた。また、出向先で私たち出向メンバーに向けられた視線にも、落ちこぼれを見るような冷ややかさがあった。これでは、2年後に本社に戻れたとしても、将来には希望が持てないかもしれない……そんなふうにも感じた。

一方で、私は自分の設計の腕には自信があったから、独立を決意したのである。そして、同じように出向に不満を抱き、技術者としての腕も確かな4人を誘い、一緒に独立することにした。それは、出向から1年が経った頃のことであった。私たち5人は、会社に独立の意思を気取られないよう、少しずつ時期をずらして順に退職した。そして、1973年にワイエイシイを創業したのだ。

そうした経緯があったからこそ、創業理念の最初の項目に「技術集約会社」と掲げた。技術者集団として常に技術開発に励み、高い技術を会社のセールスポイントにしていこうとの決意を込めたのだ。それは、「ワイエイシイが継続して発展していくためには、どんな方向に進むべきか?」を考えて入れた項目であった。

高い技術力を土台とした上で、社員全員が「旺盛なバイタリティー」と「リスクに果敢にチャレンジする」心を持ってやっていけば、会社は必ず成長する。たった5人からの出発だが、「少数精鋭主義」でやっていこう……そのようなニュアンスが、創業理念には込められていた。

たった5人で八畳一間から出発したにもかかわらず、ワイエイシイが最初から5ヶ年計画を立てていたことは、すでに述べた。同様に、そんな小さな会社が企業理念を最初から持っていたことも、かなり珍しいケースだと思う。

この創業理念だけを知らない人に見せたら、当時の我が社がたった5人のスタートアップ企業であったとは、とても思えないのではないか。


実際に創業理念を掲げて仕事を始めてみると、「企業理念とは羅針盤である」という経営書の一節が、深く納得できた。「どちらの道を選ぶべきか？」と迷う場面が、企業にはしばしばあるものだ。そうしたとき、社員全員が理念に立ち還り、「こちらの道のほうが理念に合致しているから、こちらを選ぶべきだ」と、納得して選択できるのだ。

また、「何のためにワイエイシイは存在するのか？」という存在意義や、よりどころにすべき根幹精神が明確になり、社員たちの心を一つの方向にまとめられた。

企業理念は、羅針盤であるとともに、成長の原動力にもなるのだ。

そうした経験を踏まえて思うのは、理念とは「企業にとっての憲法」だということだ。

憲法は国のありようを規定し、国が進むべき方向を決める理念法・基本法である。同様に、企業理念は企業のありようを規定し、進むべき方向を決めるのだから、「企業の憲法」なのだ（そして、会社の具体的な規程類は個別法に相当する）。

だからこそ、いまはまだ理念を持っていない会社も、これから起業する会社も、ぜひとも企業理念を定めるべきだ。それがないままでは、船が羅針盤を持たないまま航海に出るようなもので、必ず進むべき方向に迷う。

逆に、しっかりした理念を制定し、それが全社員に浸透・定着していけば、判断に迷ったときに羅針盤となり、逆境のときには心の支えになる。

ただし、一つ注意すべきは、どんなに立派な企業理念を掲げても、それが単なるお飾りになってしまっていたら、「企業の憲法」としての意味を持たないということだ。

そして、そのように理念が形骸化した会社——例えば、社員が自社の理念すら知らないような会社——は少なくないものだ。

そうならないためには、血の通った生きた理念にする努力と工夫を重ねる必要がある。

例えば、ワイエイシイでは創業理念を、策定から約半世紀が過ぎたいまも、生きた理念として扱っている。年頭や年度の初め（4月）など、全社員が集まる機会には、必ず創業理念を提示し、確認する。そして、その後に私が挨拶する際には、理念に込めた思いを全社員に説いて聞かせる。また、新入社員や中途採用社員が入ってきたときには、彼らに理念の意味などを話して聞かせる。

そのような積み重ねがあってこそ、理念は社員間にしっかり定着し、「企業の憲法」として生かされるのだ。

理念も企業とともに「成長」する

本項の冒頭で述べた通り、約半世紀の歩みの中で、ワイエイシイは3種類の企業理念を持つに至った。

長く続く企業が、その歴史の中で企業理念を変更すること自体は、割とよくある。人が成長するように、企業にもまた幼少期・青年期・壮年期がある。時期に合わせ、また時代状況の変化に合わせて、必要な理念も微妙に変わっていくものなのだ。理念が企業の憲法だとしたら、憲法改正のようなものか。

創業以来、ずっと一つの理念を掲げ続けることにも意味はあるだろう。しかし私は、それはある意味で企業としての停滞を意味しているように感じてしまう。成長する企業は変わっていくのが当然で、企業が変われば根幹の理念も変わって当然なのである。

ただし、ワイエイシイの場合、それぞれ異なる時期に作った三つの理念は、「代替わり」したわけではなく、それぞれ現役として用いられている。そこがやや例外的かもしれない。

3種類の企業理念のうちの二つめとなったのが、私たちが「成長理念」と呼んでいるものだ。

ワイエイシイは創業以来、順調に成長を続けたが、創業から10年を経た頃から、「会社は何のために存在するのか」という素朴な疑問が、私の心には広がっていた。順調ではあるのに、どこかに満ち足りないものを感じていたのだ。

そして、それから2年ほど、モヤモヤした思いを抱えつつ仕事をし、「会社は何のためにあるのか?」という問いの答えをずっと探していた。

そして、創業12年の1985（昭和60）年に至って、私は一つの答えを得た。それは、「ワイエイシイは社会のものであり、社会に貢献しなければならない。そしてそのためには、会社が成長しなければならない」という答えである。

ともあれ、私自身が2年越しの思索の末に辿りついた答えを、社員たちと共有しなければならないと思った。そのために新たな企業理念を打ち出したのである。それが「成長理念」であり、次のようなものだ。

「成長理念」（1985年）

1. 社員の豊かさを追求する（経済的、精神的）
2. 国・地方自治体により多く納税する
3. 新製品の創造・提供
4. 地域社会への貢献
5. 株主を優遇する

6．環境保全のため省資源・省エネルギーを図る

「成長理念」に込めた思いを一言に集約すれば、「より多く」である。昨日よりも今日、今年よりも来年と、少しずつ「より多く」の製品を手がけ、より多くの売上を上げる……そのように成長していかない限り、会社は社会貢献できないのだ。

「成長理念」の名の通り、企業が成長し続けることによって社会に貢献するという思想が、いくつかの角度から打ち出されている。また、ワイエイシイはたまたま私が社長を務めているが、私個人のものではまったくなく、「社会の公器」であるとする姿勢が強く表現されている。

そして、企業としての社会貢献の中に、納税を通じての貢献が理念として掲げられている点が、際立った特徴であろう（前項で詳述した通り）。

最後の「6」だけは、1985年段階では項目がなく、1997（平成9）年の「京都議定書」（地球温暖化防止京都会議で採択された、温室効果ガスの排出削減についての議定書）採択後に追加したものである。

いわゆる「SDGs」のブームに乗って、この「6」に類する企業理念を掲げた企

業も増えたが、我が社の「成長理念」はそれに先駆けたものだったと言えよう。「SDGs」が国連で採択されたのは、2015（平成27）年のことである。

1985年は、ワイエイシイが企業としての幼年期を越え、青年期にさしかかった時期だったと言える。人間が思春期にさしかかって自我に目覚めるように、ワイエイシイも青年期に入って新たな段階に入った。その変化が、単に儲ければよいのではなく、社員や株主、国、地方自治体、地域社会に対して広く貢献していこうとする理念に結晶したのだ。

私としては、これはけっして外向きのポーズなどではなかった。むしろ、社員たちに対して、「我が社の事業は社会に大きく貢献するものなのだから、誇りを持って仕事に打ち込んで欲しい」と願って作った側面が強い。

新たな理念によって社員のモチベーションを高めることが、何よりの狙いだったのだ。

「究極の理念」で社会貢献を拡大

詳しくは別項で述べるが、ワイエイシイは近年、M&Aによる業容拡大を成長戦略の柱として掲げ、グループ会社を増やしてきた。そのため、グループ全体のパフォーマンスを高めるべく、2017（平成29）年にホールディングス体制に移行することになった。

企業としての大きな変化を受け、理念にも新たな息吹を加えようと、前年の2016（平成28）年に作ったのが、第三の理念である「究極の理念」だ。

その後、2020（令和2）年になって文言に少し手を加えたので、2020年版の「究極の理念」を以下に掲げる。

「究極の理念」（2020年）～より多く社会に貢献するために～

1. 社員・グループの成長
2. 全員経営・連携と競争
3. SDGs経営の推進

4．納税額の拡大

ご覧の通り、「究極の理念」は「成長の理念」をより現代的に整備したものである。いずれも、企業としての社会貢献に的を絞った内容なのだ。

その上で、「究極」と銘打っただけに、「成長の理念」よりもさらに社会貢献のレベルを拡大させている。

例えば、「成長の理念」では環境保護に絞っていたものを、「究極の理念」では「ＳＤＧｓ経営の推進」とし、環境問題に限らない地球規模の問題をすべて視野に入れた項目になっている。

また、「成長の理念」では「社員の豊かさを追求する」となっていた最初の項目が、「究極の理念」では「社員・グループの成長」となり、グループ全体を視野に入れている。それだけ、ワイエイシイも成長してきたということだ。

この「究極の理念」が示すように、Ｍ＆Ａの展開によるグループ拡大も、私は単に儲けようと思ってやっているわけではない。根底にあるのは、Ｍ＆Ａによる雇用確保や、事業拡大による社会貢献の拡大なのである。

そして、「社会貢献の拡大」のため、近年のワイエイシイが重んじているのは「量産新製品の拡大」だ。単なる新製品ではなく、量産できる新製品をいかに増やしていくか――そのことによって成長していこうと、グループを挙げて取り組んでいるのだ。この点については「13　新製品のヒント現場にある」で詳述する。

この「究極の理念」に、私は経営者としての究極の志を詰め込んだつもりだ。

そして、時代に応じて変わってきた三つの理念を羅針盤にした半世紀の歩みを振り返ると、私自身もワイエイシイも、理念に助けられてきた場面が多々あったことに気付く。

成長する企業には、「理念」が不可欠である。自社の経験を踏まえて、私は自信を持ってそう断言したい。

8

上場企業にとって、成長は宿命である

店頭公開で感じた深い歓喜

ワイエイシイは、２００８（平成20）年に東証一部（現在は東証プライム）上場を果たした。そのことのもつ重い意味は、企業経営や株式投資に詳しい人ほどよくわかるだろう。

プライム上場は、東証上場の中でも最も審査が厳しく水準が高い（ほかに、スタンダード、グロースがある）。プライム上場企業の数は、２０２２年４月の東証再編時点で１８３９社。一方、日本の企業数は、３６７万社（２０２１年６月経済産業省発表）だという。つまり、東証プライム上場企業の割合は、日本の企業全体の０．０５％ほどでしかないのである。ハードルは非常に高いのだ。

それだけの狭き門、厳しい審査を経て、ワイエイシイは真の意味で「社会の公器」となった。

そこまでのステップとして、まず１９９４（平成６）年に株式を店頭公開した。そして、２００６（平成18）年には東証二部上場を果たした。

私は、1973年の創業時点から上場をめざしていたわけではない。というより、創業からの12年間は、経営を軌道に乗せることで頭がいっぱいで、株式上場など考えもしなかった。

意欲を持ち始めたきっかけは、1985年に「成長理念」を制定した直後、ベンチャーキャピタルである日本合同ファイナンス（現・株式会社ジャフコ）の後藤光男専務がワイエイシイを訪ねてきたことだ。後で知ったことだが、後藤氏は証券業界では有名な人物だった。

氏は初対面の私に、企業が上場することのメリットを熱く語り、上場をめざすように勧めた。ワイエイシイに成長の可能性を見いだしたのだろうか。

そのことを機に、私は上場について自分なりに勉強を始めた。セミナーに参加したり、上場企業の経営者に面会して話を聞いたりしたのである。そうこうするうち、少しずつ本気になり、上場をめざし始めた。

それは、後藤氏の話を聞いたのが「成長理念」を作った直後だったからでもある。成長理念を広く掲げた以上、その理念を実践する意味でも上場をめざそうと考えたのだ。

胸に秘めた上場への決意を初めて公にしたのは、ワイエイシイの創業15周年記念パーティーの席上であった。そのときの挨拶で、私はこう言ったのだ。

「5年後、ワイエイシイは株式を店頭公開します。5年後の売上は50億円、営業利益は5億円をめざします」

当時の売上高は17億円、営業利益は6400万円ほどであった。私が掲げた5年後の目標は、非現実的と思えるほど高いものだった。その日の挨拶で発表するまで社内の誰にも打ち明けていなかったから、社員たちは私の広げた大風呂敷に呆気《あっけ》にとられていた。

だが、経営者が大きな目標を掲げ、社員たちがそれに共鳴して一致団結するとき、会社というのはすごい底力を発揮するものである。私は、それからの5年間で我が社の社員たちが示してくれた結束力と実行力に、深い感動を覚えた。

社員たちの奮起のおかげで、売上50億円をめざした拡大は着実に進み、1994（平成6）年に店頭公開を果たせた。

その年は創業21年に当たり、結果的に目標より1年遅れたことになるが、それは不可抗力によるものであった。創業20年に当たる前年は、バブル崩壊に端を発する株式市場の冷え込みが深刻になり、新規の店頭公開が停止する事態になったからだ。実際には、創業20年の時点で、上場が認められていた。つまり実質的には、15周年パーティーで語った目標は約束通りに達成できたことになる。

私は、店頭公開したときのセレモニーで味わった感動が忘れられない。

その日、野村證券（主幹事証券）のディーリングルームに私と役員6人が案内され、1000人以上のディーラーたちに私を紹介してくれた。そして、電光掲示板に「ワイエイシイ株式会社　店頭公開　おめでとう　初値4200円」という文字が流れ、ディーラー全員が仕事の手を休めて立ち上がり、拍手をしてくれた。

私はそのことで万感胸に迫り、創業からの来し方を振り返って「よくぞここまで」という思いに駆られ、思わず涙を流した。

その後会社に戻ると、歓喜に溢れた社員たちが出迎えてくれた。万歳する者、拍手をする者、「社長、ついにやりましたね！」「よかったですね！」などと叫びつつ私に抱きついてくる者……。15周年パーティーで闘いの火ぶたが切られた後、全社一丸となってめざしてきた目標が、見事達成されたのだ。

私の人生で、あれほどの高揚感を味わったことはなかった。それは、単に店頭公開をしたというだけの歓喜ではなく、社員たちと一丸となって、数年がかりで困難な目標を達成した歓喜でもあったからだろう。

経営者にとって最大の喜びとは、社員が喜んでくれることに尽きるのだと、改めて感じた瞬間でもあった。

上場によって真の「社会の公器」に

1994年の店頭公開から、2006年の東証二部上場までに長い時間がかかったのは、当初、東証入りよりもジャスダックの代表的銘柄となることをめざそうという方針を立てていたためである。途中から、やはり東証入りをめざすことに転換したのだ。

二部上場に際しての社長面接で、私はCSR（企業の社会的責任）についての考え方を問われた。そこで、我が社の「成長理念」に込めた思いを語り、「より多く納税することこそ、企業が社会的責任を果たすということだと思います」と述べた。

その答えを聞いた面接官は、「その通りです。後はもう何も言うことはありません」

と言った。株式上場とは真の意味で「社会の公器」となることなのだと、私は改めて実感した。

ちなみに、二部上場に際しては、木槌で鐘を打つセレモニーが行われる。鐘は5回打つのだが、私は同行した役員たちにそれぞれ1回ずつ打ってもらった。そのときにも深い感動があったものだ。

一部上場のときには何のセレモニーもなかったので少々拍子抜けしたが、それでも、一部上場によって得られる企業ステータスというのは、段違いに大きいものである。私はさまざまな場面でそれを感じた。

一般に、上場は株式市場からの資金調達のために行うイメージが強いかもしれないが、それは上場が持つ意味の一端でしかない。例えば、採用面での効果も大きい。就職をめざす学生たちから見て、上場企業か否かによって、見る目がまったく異なる。また、社員たちのモチベーションに与える影響も大きい。自分が勤める会社が上場企業であるということは、やはり誇りになるものなのだ。

そして、二部と一部では得られるステータスもまったく違う。日本の企業全体の

0・1%以下しか辿りつけない、一部上場という高み――。そこに上った経営者にしか見えない景色というものがあるのだ。

だが、上場に多くのメリットがある反面、経営者にのしかかる責任が一気に重くなるという面もある。

未上場企業であれば、赤字さえ出さなければ、社会から存続を許される。赤字でないこと――つまり利益が出ているということは、社会にとって必要な企業であるということにほかならないからだ。

しかし、上場企業になったからには、赤字を出さないだけでは不十分で、常に成長が求められる。上場企業にとって、成長し続けることが宿命なのだ。言い換えれば、未上場企業なら許される現状維持が、上場企業には許されない。投資家たちは、株を買った企業の株価が上がること、配当金を得ること、その企業が社会に貢献することを期待する。故に、成長しない企業、現状維持を続ける企業は魅力を失い、株価を下げることになるのである。

私が「上場によって、『成長理念』を実践してみせよう」と考えた理由も、そこにある。常に成長が求められる戦場に自ら飛び込むことによって、私はワイエイシイを「成長を宿命づけられた企業」にしたかったのである。企業は成長し続けることによってこそ、より多くの納税ができ、社会貢献を拡大していけるのだから。

私はグループ会社の社長たちを集めた「社長会」の席などでも、そのことをしばしば強調する。

「上場企業である以上、こういう状況だから、今年は赤字でも仕方ない」とか「いまは成長できなくても仕方ない」という言い訳は許されないのだ、と……。

例えば、新型コロナウイルス感染症の影響である。「コロナ禍なのだから、今年は赤字でも仕方ない」という言い訳は、未上場企業なら許されるし、世間から同情もされるだろう。しかし、上場企業には許されない。コロナ禍でも業績好調な企業は少なくないのだから、そういう企業の株に買い換えるだけの話である。上場企業は、どんな状況でも知恵を出して成長を続けていかねばならないのだ。

その意味で、上場企業であり続けるのは大変なことなのだが、一方でやりがいも非常に大きい。起業する人の多くが株式上場をめざしてほしいと、私は願っている。

9

社員のやる気を引き出すことこそ、最大の経営強化

「意識の差は100倍ある」

私が一目置いている経営者の一人に、日本電産の創業者である永守重信《ながもりしげのぶ》氏がいる。氏は、ワイエイシイと同じ1973（昭和48）年にわずか4人で日本電産を創業し、同社を大企業に育て上げた。コンピュータのハードディスクを駆動するモーターの分野で、日本電産はシェア70％を誇る。また、20社以上の企業を再建し、「再建の名手」としても名高い。その永守氏がよく言う持論に、「人間の能力の差はせいぜい5倍だが、意識の差は100倍ある」というものがある。

再建の名手はまた、人材育成の名手でもある。永守氏が再建を引き受けたとき、最初に行うことは、社員たちの意識を変えることなのだという。経営不振に陥った会社では、多くの場合、社員たちがやる気を失っている。そのやる気を引き出すことによって、彼らの潜在能力を引き出し、その力を一つに集約することによって再建を成し遂げていくのだ。

私には、永守氏の言うことが実感としてよくわかる。社員のやる気の変化こそが、会社を強くもし、弱くもする。だからこそ、社員のやる気を引き出すこと、やる気を削がないことは常に考えてきた。

本項の見出しにした「社員のやる気を引き出すことこそ、最大の経営強化」ということを私が何よりも痛感したのは、前項で述べた店頭公開までの時期である。「うちの社員たちは、これほどの底力を秘めていたのか！」と、彼らを長年見守ってきた私でさえ驚かされた。それは、「5年後までに売上50億円、営業利益5億円をめざし、店頭公開を果たす」という目標を掲げ、全員がそこに共鳴してやる気を出したからこそだ。

また、これまでのワイエイシイの歩みの中で、やる気を引き出して経営強化した事例として、あと二つの例が挙げられる。

一つは、創業からの11年間、技術職・設計職の人間はただの一人も辞めず、増える一方だったということだ。現場の人間で辞めた者はいるが、技術屋・設計屋は辞めなかった。それは、彼らのやる気を引き出せたからこそだと思う。

国際電気時代の私たち5人（ワイエイシイ創業メンバー）が、子会社に出向したことを機にやる気を失い、独立を決意したように、技術職・設計職の人間は、自分の能力を発揮できることに強いこだわりを持つ。だから、そこが満たされなければやる気を失い、辞めていったはずだ。ワイエイシイで11年間一人も辞めなかったということは、彼らのやる気を引き出せたということにほかならない。

また、もう一つの例は、創業からの10年間で473種類もの機械を注文されて作り、それらがすべて商売として成り立ったということだ。つまり、依頼先企業から「こんな機械ではダメだ。とてもお金は払えない」と突き返された例は、ただの一つもなかったのである。そのことは、経営者である私の自慢であり、ずっと語り継いできた。ワイエイシイの技術力の高さの証でもあるが、同時に、技術職・設計職のやる気を引き出した結果だと思う。

やる気を引き出すために必要なこと

私が社員のやる気を引き出すために行ってきたことは、さまざまある。「全員経営」の実践、つまり社員一人ひとりが経営に参画することにより、高いモチベーションを保って仕事をすることが代表的な例だが、他には、例えば給与面での手当てが挙げられる。やる気を引き出すために何よりも大切なのは、社員たちの具体的な生活の保障と向上であるからだ。

次項で述べる通り、我が社はこれまでに3回の痛恨の赤字を経験しているが、その時期にも世間並みの昇給は行った。給与カットをしなかったことはいうまでもない。

それは、常日頃から社員たちに「私は、たとえ業績が芳しくなくても、経営者の責任として世間並みの昇給は行います。安心して働いていてください」と約束していたことでもあった。

また、創業の頃には、年3回のボーナスを支給していた。夏・冬に加え、決算ボーナスも出していたのである。いまは上場企業になったのでなかなか自由にはできない面があるが、「儲けた分は社員に還元する」という姿勢で臨んでいたのだ。

そのように給与の面で報いることを常に意識した上で、社員を褒めることにも意識して取り組んできた。

例えば、頑張った社員を表彰する仕組みは用意してある。その表彰も、全社員が集まる機会を選んで表彰状を渡すなど、本人にとってモチベーション・アップに繋がるような演出を考えて行っている。また、社内のさまざまな委員などに任命するときにも、大勢の前で任命書を渡すようにしている。表彰と任命は、社員のやる気を引き出すためのビッグチャンスである。そのチャンスをできるだけ効果的に生かすための工夫が、経営者には求められるのだ。

10

逆境こそ会社を成長させるチャンス

経営者は逆境によって鍛えられる

ベンチャー企業の多いアメリカでは、二人の経営者候補から一人を選ぶ場合、過去に倒産などの逆境を経験した人を選ぶという。「逆境を乗り越えた経験こそが、経営者としての鍛えとなり、力量に繋がる」という考え方があるのだ。

日本では逆に、自分の会社を倒産させることが大きな人生の挫折と見做されがちだ。その点に、双方の考え方の大きな違いがあるのだろう。

私はどちらかといえば、「逆境が経営者を鍛える」という考え方に賛成だ。それは私自身が、倒産は経験していないものの、会社としての大きな逆境を経験してきたからである。そしてその逆境が、ワイエイシイを大きく成長させる契機にもなった。

逆境とは、具体的には過去3回経験した大きな赤字である。「企業の赤字は社会悪」と捉え、赤字は何としても避けなければならないと考えてきた私にとって、3度の赤字は経営者として痛恨事であった。

私はその3回の赤字に直面して、それぞれ大いに悩み、「ワイエイシイという会社を大きく変革しなければならない」と考えた。そして、その思索を機に改革に乗り出し、実行してきたのだ。

逆に言えば、仮に3回の赤字がなかったとしたら、その改革はまだ行われていなかったかもしれない。

念のために付け加えれば、私は断じて赤字を肯定しているわけではない。赤字は絶対に避けるべきである。そのことを大前提としたうえで、赤字でさえも、会社を成長させ、経営者を鍛えるための契機になり得るということを、ここでは述べたいのだ。

一度目の赤字を機に考え始めたのがM&Aによるグループ展開の開始であり、二度目の赤字を機に行ったのが会社を身軽にする「ファブレス化」であった。

M&Aとファブレス化については、この後にそれぞれ別項を設けてあるから、詳しくは述べない。ここでは、3度の赤字の経緯と、それが改革の契機になったことについて綴ろう。

上場の気の緩みが生んだ初の赤字

他の項目で述べた通り、ワイエイシイは創業から23年間、一度も赤字を出していなかった。初の赤字転落は、創業24年目の1995（平成7）年度のことであった。それは、株式公開後、事業の拡大を図って取り組んだ二つの新規事業が失敗したことが、直接の原因であった。

そのうちの一つは、クリーニングシステム事業の一つとして行った「連続洗濯機」の開発であった。ある業者と共同で、クリーニングの完全自動化を狙った機械を開発したのである。オゾンの洗浄作用を利用して、ハンガーにかけた服にオゾン溶水を噴射して汚れを取り、水分を振り切り、服に袋をかぶせる……そうした作業を自動で行える機械だった。

だが、この機械は残念ながら洗浄効果が不十分であった。汗はよく落ちたものの、それ以外の汚れについてはドライクリーニングの効果に比べて劣り、そのため、クリーニング業者にもあまり売れなかった。売れることを見込んで大量に作った機械が無駄になり、業績を圧迫した。

もう一つは、パチンコ台の周辺装置の開発であった。取引銀行から紹介された周辺装置メーカーからの依頼であった。それは、パチンコ玉の発射速度を一定に制御するための定電圧装置であったが、あまり売れなかった。

二つの新規事業がうまくいかなかったことで、1995年度の売上は前年度よりも30%も落ち込み、初の赤字となったのだ。

ただ、直接の原因はそうであったとしても、より深い次元から言えば、社長の私自身の気の緩みこそが根本原因であった。一つには、初の赤字の前年に念願の店頭公開を成し遂げ、ホッとしてしまったということがある。

また、店頭公開したことで、社長の私にたくさんの講演依頼が舞い込んだことも、一つの要因であった。北は仙台から西は岐阜まで、主に行政から講演依頼が殺到した。例えば、市の開発課や計画課といったセクションから依頼され、現地に赴き、地元の中小企業経営者などを相手に講演したのである。

実際に講演したのは、1年間で20カ所ほどだったろうか。名前を売りたいなどとはまったく思わなかったが、同じような立場の中小企業経営者たちの力になりたいという思いがあった。また、私が講演することが、ワイエイシイの新たな仕事に繋がるかもしれないという期待もあった。

講演は2時間程度だが、地方に赴くので一日仕事になるし、講演準備まで含めればかなりの時間を必要とした。そのため、私が経営に振り向ける時間が、その年にはかなり減ってしまったのである。

そうやって時間が削られたことと、上場して安心したことから、毎年1回行っていた全社員での討論会を、その年は中止にしてしまった。要は、社長としての仕事がおろそかになっていたのである。失敗した二つの新規事業に取り組んだことも、いま思えば判断ミスであったが、それを生んだのは私の気の緩みだった。

初の赤字に直面したことで私は大いに反省し、責任を取る意味で、私自身が銀行から借金をし、二つの新規事業で生じた赤字を補塡《ほてん》した。周囲からは「そこまでする必要はない」と言われたが、私はそうせざるを得ないほど責任を痛感していたのだ。

そして、逆境を打開するための方途を考え、それが後にM&Aに乗り出すことに繋がった。実際にM&Aを始めたのは2000年代に入ってからだが、私がそれを考えたのは、その数年前の1995年度の赤字がきっかけだった。

二つの新規事業に立て続けに失敗したことで、私は畑違いの新規事業に取り組むことの難しさを痛感した。そこで、自社だけで新規事業に取り組むのではなく、すでにノウハウを蓄積している企業をM&Aで獲得することで事業を拡大していこうと考えたのだった。

いま、ワイエイシイは17のグループ会社を持っているが、そうした展開の源は、実は1995年の最初の赤字にあったのだ。

二度目の赤字で、会社を身軽に

二度目の赤字は、2002（平成14）年のこと。

それは、前年に起きたITバブル崩壊の影響で大幅減収となったためであった。アメリカのITバブル崩壊（2000年）が日本に波及して起きたものだが、日本のエレクトロニクス産業が受けた影響はリーマン・ショック以上に甚大であった。

ワイエイシイでも、当時340人いた社員のうち、120人にも及ぶリストラをするしかなかった。それはまさに涙をのんでの苦渋の選択であった。IT分野の製造にあたっていた現場社員たちは仕事がない状態だったから、会社都合の退職金を支払って辞めてもらったのだ。

IT産業は、最先端の業界であるだけに、成長しているときに受ける恩恵は大きいが、その一方で、「ドッグイヤー」(犬の一生が人間の約7分の1であることから、1年が数年分に相当するという意味)と呼ばれるほど変化が激しく、好不調の波や落ち込みも大きい。

そうした業界で今後も事業を続けていくためには、どうすればよいか? 考えに考えて出した結論が、ファブレス化であった。工場をなくし、製造はアウトソーシングする方法である。そうすれば、また景気が悪化しても耐えることができるのだ。

いまでこそ「ファブレス化」は流行語のようになっているが、ワイエイシイのファブレス化はかなり先駆的であったと思う。

そして、このファブレス化によって会社が身軽になったことが、その後の大きな成長の呼び水となった。つまり、ここでもまた、赤字転落という逆境を乗り越える過程で、会社の改革が成し遂げられたのだ。

コロナ禍で三度目の赤字に

三度目の赤字は2019(令和元)年度のことだから、まだ最近である。

2020年3月——つまり2019年度末のいちばん大事な時期に、私が心筋梗塞を患い、心臓カテーテルを入れる手術のために2週間入院し、1カ月ほど仕事から離れたのだ。折悪しく、その頃はコロナ禍の本格的な始まりの時期であった。

コロナ禍も2年以上続いてからは、各企業ともある程度対策ができていただろう。だが、最初の頃は何をどうしていいかわからず、最初の緊急事態宣言などにも翻弄《ほんろう》されて、いちばん大変な時期であった。

そんな時期に、陣頭指揮をとるべき私が戦線離脱する羽目になったのだ。私は、そのことが赤字の根本原因だったと思っている。

つまり、三度目の赤字は、ワイエイシイの逆境であると同時に、私個人の逆境でもあったのだ。いま思えば心筋梗塞の前兆であった胸の痛みは、2019年の10月くらいから感じていた。しかし、病院で一般的な肺や心臓の検査を受けても、その時点では異常は発見されなかった。

そのうち、10歩歩くのも苦しいという状態になり、「これはただごとではない」といろいろな病院を巡り、最後に辿りついた心臓の専門医に診てもらったところ、異常が発見され、緊急入院となったのである。

命に別条なく、何の後遺症もなく回復できたことは、幸運であった。そのことは、私がまだワイエイシイという企業を通じて果たす使命があることを示しているのかもしれない。

一度目の赤字がM&A展開の原型を生み、二度目の赤字がファブレス化を生んだ。2019年度の三度目の赤字を受けて、どうやって会社を立て直すか、私は病床の中であれこれ思いを巡らせた。出した結論は、次の三点である。

第一に、2022年4月に行われる東京証券取引所の再編において、ワイエイシイは最上位であるプライム市場を選択するということだ。

東証再編の目的は、東証一部上場企業の数がやや多すぎるため、真の一流企業に絞って、日本の最高峰の市場としての価値を高めることにあるように思えた。当時、ワイエイシイはプライム上場基準である時価総額100億円には届いていない状態であった。創業時から成長、そしてさらなる成長を追い求めてきたワイエイシイにとっては、格好の目標に思えたのである。

二つめは、ワイエイシイは2023年5月に創立50周年の節目を迎える。この機会に、売上・営業利益の過去最高値の更新をめざすというものである。ワイエイシイの過去最高売上高は２０１９年３月期の３６０億円であり、過去最高の営業利益は２００７年３月期の36億７６００万円である。創立50周年に花を添える数字を出して、みんなで祝福し合うことが、全社員の共通の目標となった。

三つめは、２０３０年までに売上１０００億円企業の仲間入りを果たす、というものだ。プライム市場の要件を満たすことがゴールではなく、さらにその先をめざして成長を続けていくという明確なメッセージである。この目標を達成するためには、今までの延長線では到底不可能である。グループ各社が売上１００億円以上を目指さなければならない。そのためには、時代のニーズを捉えた量産新製品の取込が不可欠である。ワイエイシイが従来手掛けてきた一品もの以外に、一つの図面で大量生産・大量販売が可能な新製品の発掘を含めた、１０００億円企業の仲間入りへの戦略を、執筆している今現在まさに策定中である。

ワイエイシイが直面した過去3度の赤字と、そこから生まれた改革を概観してみた。一連の出来事を振り返って改めて思うことは、赤字などの逆境は、そこから逃げたらマイナスしか生まないが、真正面から立ち向かっていけば、打開後に新たなステージが広がっているということだ。

まさに、「逆境こそ会社を成長させるチャンス」なのである。

11

経営とは
変化対応業である

変わらなければ生き残れない

「最も強い生物が生き残るのではない。最も賢い生物が生き残るのでもない。生き残るのは、いち早く変化に対応できた生き物だ」――そんな言葉がある。

長らくダーウィンが『進化論』の中で言った言葉だとされてきたが、実はそうではないらしい。1960年代に米国の経営学者レオン・メギンソンが、ダーウィンの考えを独自に解釈して論文中に記した言葉で、伝聞を重ねるうちに「ダーウィンの言葉」と誤解されて広まったものらしい。

誰が言ったかはともかく、経営者として長年生きてきた私にとっては、実によく理解できる言葉である。

「いちばん強い会社が生き残るとは限らない。いちばん賢い人が経営する会社が生き残るとも限らない。生き残るのは、時代の変化にいち早く対応できる会社だ」――そんなふうに言い換えてみたい。

本項の見出しに掲げた「経営とは変化対応業である」は、井村屋グループ創業者・井村二郎氏の言葉である。

あずきを使った和菓子から出発した同社は、時代の変化に応じて次々と大胆な変化を重ね、そのことで生き残ってきた。例えば、アイスクリームの世界に進出して「あずきバー」を大ヒットさせたのも、元は井村氏の発案によるものだったという。レストランビジネスに進出して、米国のレストラン「アンナミラーズ」を日本に広めたのも彼だ。

老舗として守るべき伝統はきちんと守りながら、一方では時代の変化に応じて事業を大胆に変革してきたのである。そうした姿勢から生まれた名言が、「経営とは変化対応業である」なのだ。

私も、時代の変化に対応する経営を心がけ、実践してきた。そして、そのことによって生き残ってきたのである。

創業した1973年の日本はまだ高度成長期であり、仕事は山ほどあり、下請け仕事だけやっていても食っていける時代だった。

その時代のやり方を変えられないままでいた同業他社は、新興国へのアウトソーシングの波や、バブル崩壊、ＩＴバブル崩壊、リーマンショックなどという時代の荒波のどこかにのまれ、消えていった。生き残ったのは、時代の変化に対応して変われた会社だ。

我が社の場合、時代の変化に合わせた対応として、M&A展開やファブレス化などにいち早く取り組んだ。だからこそ生き残ったのだ。

M&Aは、いまでこそ当たり前の経営手法の一つとして広く行われているが、かつては「企業の乗っ取り」と呼ばれ、非常にネガティブなイメージを持たれていた。困っている企業を札束の力で強引に奪うやり方だと捉えられていたのだ。もしも私が時代の変化に気付かず、古い「乗っ取り」のイメージをそのまま抱いていたら、M&Aを行うことに躊躇《ちゅうちょ》しただろう。

しかし、いまや技術革新のスピードはあまりに速く、新技術を一から自前で開発していたら、開発が終わる頃にはその技術が陳腐化してしまう時代なのだ。そんな時代には、その新技術をすでに持っている会社をM&Aで手に入れ、事業を拡大していくべきなのだ。

私は幸運にも、たまたま知人から声をかけてもらい最初のM&Aを行ったことで、いち早くそのことに気づくことができた。そして、それを契機として、他社に先駆けてM&Aに取り組んだ。ワイエイシイが17社からなるグループに成長できたのは、ひとえに変化対応が速かったからである。

また、変化の激しい時代に対応するには、企業の中期計画も短いサイクルにならざるを得ない。そう考えた私は、それまで5年単位だったワイエイシイの中期計画を、第5次からは3年単位に変えた。遠い未来を見据えての計画はもちろん大切だが、それはそれとして、直近の中期計画はもっと小刻みにすべきだと考えたからだ。

そのことも、私が変化への対応を重んじてきた一つの証左である。

「朝令暮改も躊躇するな」の真意

かつて私は、著書の中で「朝令暮改も躊躇するな」と書いたことがある。

言うまでもなく、一般に「朝令暮改」は悪い意味で使われる。「朝に命令したことが、暮れ頃にはもう変わっている」というくらい、「言うことがコロコロ変わるリーダー」を揶揄《やゆ》した言葉なのだ。

しかし私は敢えて、その「朝令暮改」という言葉をポジティブなニュアンスで捉えた。いまのように時代の変化が激しく、しかも特に変化幅が大きいＩＴ業界に首を突っ込んでいる企業なのだから、朝と夕方で言っていることが変わるくらい、変化対応が速くなければ生き残れない。だから、変化対応を躊躇せず行わねばならない。また、自社が属する業界のみならず、政治・経済・文化など、広い分野の社会変化に敏感であらねばならない。そうであってこそ、変化対応が正しく、素早くできる。

そのような思いを、私は「朝令暮改も躊躇するな」という言葉に込めたのだ。

最近の具体例を挙げれば、コロナ禍に対する企業の対応である。コロナ禍の影響で苦戦している企業が多いのは確かだが、一方ではコロナ禍以降に売上がアップしたという企業も少なくない。

しかも、それはコロナ禍が有利に働いた業界（医療業界など）に限ったことではない。飲食業界のように、コロナ禍で不利になる業界に身を置きながら、新しい事業形態をとることによって、売上をコロナ以前より上げた会社もあるのだ。

また、永守重信氏が率いる日本電産も、「コロナ禍後に過去最高の売上を記録した」として、見事なコロナ対応がマスコミに大きく報じられた。その記事を読んで、「さすがは永守さんだ」と私は感銘を受けたものである。

そういう企業もある以上、経営者たるもの、「いまはコロナだから業績が悪くても仕方ない」などという言い訳は、決してすべきではない。家で家族に愚痴るのはよいが、社員の前で「コロナだから仕方ない」と言ってはならない。

時代は常に変わり続けている。コロナ禍といっても特別な変化ではなく、変化のパターンの一つでしかない。そうした変化に対応してみせるのが、経営者の腕の見せどころである。

コロナ禍に対応する変化を考え、実行に移すべきだ。そして、社員たちには「絶対にコロナ禍を乗り越えてみせるから、安心してついてこい!」と力強く宣言すべきなのだ。

それでこそ、「変化対応業」たる経営者である。

12

新分野への挑戦を忘れてはならない

どんな商品にも賞味期限がある

前項の「変化への対応」と関連するが、企業は新分野への挑戦を忘れたら、そこで成長がストップしてしまう。なぜなら、どんな商品にも賞味期限はあり、ニーズには限界があるからだ。

当たり前だが、食べ物には消費期限と賞味期限がある。一方、ワイエイシイが扱う製品はどれも腐らないものだから、一見「ずっと売れる」かのように錯覚してしまいがちだ。しかし、そうではない。どんな分野のヒット製品も、「最初は売れていたのに、パッタリと売れなくなった」というニーズの終わりがどこかで訪れるものなのだ。

また、製品のみならず、一つの分野にも旬とニーズがあり、それを終えてしまえば火が消えたように勢いを失う。ワイエイシイを半世紀やってきて、私はそのことを嫌というほど知っている。しかも、いまはワイエイシイ創業当時と比べて、時代の変化が恐ろしく速くなっている。

例えば、いま私たちが普通に使っているスマホ（スマートフォン）は、つい30年前にはなかったのだ。アップル社の「iPhone」が登場したのは２００７（平成19）年であり、一般にスマホが普及し始めたのはそれからのことである。それがいまや、スマホがなければ我われの生活が成り立たなくなっている。恐るべき社会変化スピードである。そのように、製品や分野の賞味期限はどんどん短くなっている。

そんな時代に、一つの分野、一つの製品にこだわり続けていたら、その企業はたちまち時代に取り残されるだろう。だからこそ、新分野への挑戦を常に続けないといけないのだ。

技術を生かせるニッチ分野を探せ

「新分野への挑戦が大切なことはわかっている。でも、どの分野にどう挑戦していいかがわからないのだ」――そう思った読者も多いかもしれない。そこで、中小企業がどのように新分野に挑戦すべきか、ポイントを挙げておこう。

第一に言えることは、「大企業と同じ土俵で勝負しても勝ち目はない」ということだ。大企業は、資金力も開発力も人材力も、中小企業とはケタ違いである。大企業がすでにシェアを獲得している分野に、中小企業が後から挑戦しても、その商品によほどの独自性がないかぎり、たちまち敗れ去るだろう。

また、いまは大企業が参入していない分野であっても、巨大なニーズが予想される分野には、中小企業は進出しないほうがいい。その分野で中小企業がヒット商品を出した途端、大企業が目をつけ、参入してくるに決まっているからだ。そして、開発力と物量で勝る大企業は、もっと性能のいい類似製品を発売して、スケールメリットで市場を席巻し、たちまち中小企業のシェアを奪っていくだろう。

では、どうすればよいか？　大企業が手がけないニッチ分野を狙うことだ。大企業はその性質上、大衆商品にしか手を出したがらない。「売れてもせいぜい数百台だろう」というようなニッチ製品は、大企業にとっては割に合わず、メリットがないので手を出さないものなのだ。

しかし、大企業にはメリットがなくても、所帯の小さい中小企業なら、「数百台売れれば、それだけで社員たちが食っていける」という製品があるはずだ。そういうニッチ分野を狙うのである。もちろん、自社の技術を生かせるニッチ分野でなければならないことは、言うまでもない。

いまは昔に比べて消費者の好み・ニーズが多様化しているから、その分だけ、いろんなニッチ分野の裾野が広がっている。自社の技術を生かせるニッチ分野は、根気強く探せば必ず見つかるはずだ。

また、「自社の技術とは少し違う領域だが、有望なニッチ分野を見つけた」という場合、その分野に合わせて新たに技術を開発する挑戦は、やめたほうがいい。時代の変化が激しいいまは、開発が終わった頃にはもうニーズがなくなっているケースも多いからだ。そうした場合、その技術を持っている会社を探してM＆Aをすることも、選択肢として考えてよいと思う。

「M＆Aなんて、巨額の資金を持った会社がやること。うちには無理だ」と決めつけるのは早計である。いまや、小規模企業と中小企業で行う「スモールM＆A」が盛んな時代だ。小さな会社にもできる金額で行うM＆Aも多いのだから、新分野への挑戦はM＆Aによって行ってもよいのだ。

国の補助金・助成金を活用せよ

ニッチ分野への挑戦と並んで、中小企業にとってやりやすいのは、国の定める成長分野への挑戦である。つまり、時の政権が日本経済活性化の柱として捉え、規制緩和を行い、巨額の補助金を投入して育成を図る分野である。

そうした分野への挑戦は、国や地方自治体が企業を金銭的に手厚くサポートしてくれるわけだから、利用しない手はない。

当社も「アルツハイマー型認知症早期発見装置」などにおいて、NEDOから助成金をもらって開発を進めている。

中小企業の中には、そうした補助金の類いを実にうまく活用している会社もあれば、「一度も使ったことがない」という企業もある。書類申請が煩雑で、しかもなかなか通らないというイメージがあるのかもしれない。

しかし、私は大いに活用すべきだと思う。補助金をもらって新分野に挑戦し、それがうまくいったら、出た利益から納税することで社会に還元すればよい。そもそも、補助金とはそうするために用意されているのである。

ともあれ、新分野への挑戦は意欲さえあればできるものだ。経営者は常に新分野への挑戦を意識し、情報のアンテナを張っておくべきである。

13

新製品のヒントは現場にある

「量産新製品」の開発が大切

前項と関連する話だが、こんどは「新分野」ではなく「新製品」についてである。ワイエイシイは「B to B」（企業間取引）の生産装置を作ってきた会社だから、新製品といっても一般消費者が家庭用に買うものではない。とはいえ、これから書くことは、どんな分野の新製品開発にもある程度通ずる普遍的な話だと思う。

ワイエイシイはある程度幅広い範囲の技術を持っているから、顧客から「こういう装置を作ってくれないか」と要望されたものを開発し、それを売って商売にしてきた。開発自体はお手のものだが、問題はそれが売れて利益となるかどうかである。

世の中の趨勢《すうせい》は、高度成長期の大量生産から、だんだん少量多品種の方向に傾いてきた。だから、ワイエイシイも少量多品種製品の開発を受注することが多い。

注文自体はありがたいことだが、あまりに少量――例えば5台以下の注文――だと、そこから利益が出ず、「労多くして功少なし」の仕事になってしまう面がある。できるだけ、商売として旨味のある「量産新製品」の開発を多くしていきたいというのが、かねてからの私の願いである。

しかし、「量産新製品」のアイデアを、我が社の社員がゼロから思いつくことは、なかなか難しい。「これなら売れそうだ」と思って作った製品でも、顧客のニーズとかけ離れていて、まるで売れない場合も少なくない。そういう失敗が積み重なると、大きな赤字に繋がってしまうリスクもある。

だから、顧客から「こういうものを作ってほしい」と要望されたものが、量産新製品になる形が理想的である。それなら「売れないリスク」はゼロなのだから……。

そういうおいしい仕事はなかなかないものだからこそ、それを発見する努力が大切になる。そして、「発見」の可能性をいちばん多く持っているのは、開発の人間ではなく、各顧客との接点となる営業部員たちなのである。

言い換えれば、ワイエイシイがいちばん欲しい量産新製品のヒントは、顧客と接する現場にこそあるということだ。それが、この項目の見出しの意味である。

ニーズを見つけるのも営業の仕事

私は、営業部員たちに対して、よくこう言う。

「新しいニーズを見つけるのも、営業の仕事のうちだよ」と……。自社製品を売り込んだり、新しい顧客を開拓したりするだけが営業の仕事ではないということだ。

量産新製品のニーズは、ワイエイシイの社内にだけいたのではなかなか見つからない。顧客が働く現場にこそニーズがあるのだ。そのことは、営業部員を新人時代から教育する段階でも、繰り返し強調する。営業の「行動規範」の中に、すでに組み込んであるのだ。

だから、その行動規範を心に刻み込んでいる営業部員なら、定期的な顧客回りをする場合にも、ニーズを探す癖がついていると思う。顧客との会話の端々から、あるいは顧客の工場や事務所で見たものから、「ワイエイシイの量産新製品に繋がるヒントはないか」と、心にアンテナを張って探しているのだ。

ニーズには2種類ある。顧客から「こういう装置が作りたいんだけど、お宅で作れる?」と提案される、いわば「顕在ニーズ」。もう一つは、顧客はニーズに気付いてすらいない、いわば「潜在ニーズ」である。

できる営業マンは、顧客の「潜在ニーズ」までも探し当てる。「この会社の仕事のこの部分は、うちでこういう装置を開発して導入したら、一気に効率化できるな」と気付けるのだ。

無論、それに気付くためには、ワイエイシイの開発部門の持つ力と顧客の仕事内容について、両方熟知していなければならない。例えば、顧客がいま仕事でどんなことに困っているのかがわかっていてこそ、解決策を提案できるのだ。新人営業マンにはなかなか難しい高等技術だ。

そして、「潜在ニーズ」を見つけたら、「こういう装置を開発して導入してみてはいかかでしょうか?」と、顧客に提案をしてみる。そういうことを、なるべくたくさんできるように推進している。

また、顧客と親しく接するだけでなく、顧客が持っている人脈の力を借りて、さらに「現場」を広げていくこともできる。例えば、顧客が大手メーカーの研究開発部門と太いパイプを持っていることもあるだろう。その場合、「A社の研究開発の人をご紹介いただけませんか?」と率直にお願いするのも一つの手だ。そして、紹介してもらったその人との付き合いの中から、量産新製品のニーズが見つかる場合もあるだろう。

同様に、顧客がベンチャー企業や省庁などと強い関係を持っているケースもある。その場合、顧客からベンチャー企業や省庁の関係者を紹介してもらい、繋がりを作ることで、量産新製品のニーズが見つかるかもしれない。

無論、そういうことができるためには、まず顧客との信頼関係がないといけない。そうした信頼を得ることも、営業としての腕の見せどころなのだ。

また、量産新製品のニーズがいまいちばん見つかりやすいのは、ＳＤＧｓ関連の分野であろう。

周知のとおり、ＳＤＧｓは国連が主導し、世界中の国々が一斉に取り組んでいる地球規模の大目標である。だからこそ、量産新製品もそこから生まれやすいのだ。例えば、気候変動（地球温暖化）対策に有効な新製品となれば、引く手あまたとなる可能性が大きい。私は、「いまはＳＤＧｓ関連のニーズに敏感になれ」と、社員たちによく言っている。そのように、世の中の流れに敏感になることも、量産新製品を次々と生み出すためには大切なことなのである。

グループ全体の力で量産新製品を

もちろん、いくら「量産新製品のニーズは現場にある」といっても、その発見を営業部にだけ任せておくわけにはいかない。ワイエイシイグループ全体の力を注いでやらなければならないことだし、実際そうしている。

例えば、「提案運動」というものをグループ全体として推進しており、グループ各社からの量産新製品のアイデアを募っている。グループ各社にはそれぞれ独自の現場があるわけだから、その現場で発見したニーズをアイデアに昇華して報告してくるのだ。

そのアイデアは随時受け付けており、半年に一度くらい、私も含めた幹部が集まって、溜まったアイデアの有効性を議論し合う場がある。商品企画会議のようなものだ。

この提案運動は、グループ各社に「製品アイデアを考える癖」をつけるという意味では、大変有意義だと思う。ただし、各社から寄せられたアイデアが実際の量産新製品に結びつくかといえば、そのハードルはなかなか高い。「これはすごいアイデアだ。すぐに開発にかかろう」というような優れたアイデアは、全体の数%、いや、1～

2%程度でしかない。

それでも、顧客との接点という現場から生まれたアイデアを吸い上げる意味で、提案運動は今後も続けていくつもりである。

また、ワイエイシイグループ全体として、「量産新製品60%」という目標を掲げている。これは、「売上全体の60%以上を、量産新製品が占めるようなグループにしていこう」というものである。

その目標が達成できたら、ワイエイシイの会社としての力は随分強くなると思う。いまは、「量産新製品が60%を超えるために、何をどうしたらよいか?」という戦略を立てる委員会も、グループ内に設けてある。そのように、全グループ一丸となって量産新製品開発に力を注いでいるのだ。

「新製品のヒントは現場にある」というのは業種を問わず言えることであり、ワイエイシイのやり方は他業界でも通用すると思う。

14

経営者は「提案型ワンマン」たれ

ワンマンだが、意見は押し付けない

社外の人たちから、私は「ワンマン経営者」と見做されることもあるようだ。確かに、創業以来約半世紀にわたってずっと一人でワイエイシイの社長を務めてきたのだから、そう見えても仕方がないだろう。

一般に「ワンマン経営者」といえば、部下の意見をまったく聞かず、自分の意見ばかり社内で押し通す、横暴で傲慢なリーダーというネガティブなイメージが浮かぶだろう。

だが、私は決してそのような経営者ではない。強いリーダーシップを発揮するという意味では「ワンマン社長」かもしれないが、自分の意見を社員たちに無理やり押しつけるタイプではないのだ。

社内における私の振る舞いや、社員たちとの会話のやりとりを実際に見てもらえば、私が強烈なカリスマ性で君臨するタイプでないことは、一目瞭然だろう。

その辺の違いを社外の人たちに説明したくて、あるとき、私という経営者を規定する表現として「提案型ワンマン」という言葉を思いついた。

ワンマンではあるが、上から意見を押しつける横暴なワンマンではなく、社員に議論させ、その声に耳を傾ける「提案型ワンマン」である、という意味だ。

経営者として、方向性を指し示し、提案はする。しかし、それを叩き台として議論をしてもらい、皆で決めていく。それが提案型ワンマンである。

「全員経営」実践の発端となった「スキー合宿」

私は創業当時から、ずっと「提案型ワンマン」であった。

例えば、創業時に掲げた「創業理念」も「第1次中期計画」も私が考えたものだが、それを一方的に押し付けたわけではない。「こういうものを考えたんだが、どうだろうか?」と皆の意見を聴き、中身について議論してもらった。また、異論がある部分は時にそれを反映して変えた。そのように、考え方の擦り合わせを十分にした上で発表したのだ。

また、創業して初めて迎えた冬には、社員全員で妙高高原の赤倉温泉スキー場に2泊3日の合宿に出かけた。初日と2日目は午後3時くらいまでスキーを楽しみ、その後夕食までの間、全員でワイエイシイの経営についてあれこれ議論を重ねた。最初の合宿時には全員といっても全社員で10名弱だったから、かなり突っ込んだ議論のやりとりが可能であった。

ワイエイシイの経営のあり方として、私はよく「全員経営」という言葉を使って説明する。社員全員が経営者の気持ちになって会社に参加する――そのようなあり方のことである。実際に仕事をするのは社員である。社員がやる気をもって仕事を進めるためには、みんなと意見交換し、方向性を一致させて進めたほうがよい。

昔もいまもワイエイシイは「全員経営」を掲げているが、その一環としてスキー合宿を始めたのである。単なるどんちゃん騒ぎの社員旅行ではない。全員で経営について徹底的に議論するための、まさに合宿であったのだ。

この「スキー合宿」は、創業の年から5年間続けた。5年目には社員数も50人を超えていた。5年目に、参加した社員の一人がスキー中に脚を骨折してしまうアクシデントがあり、それを機にやめたが、創業期の懐かしい思い出である。

一貫して「提案型ワンマン」

スキー合宿をやめた6年目以降は、銀行の研修会場を借りて、そこに全社員が集い、中期計画についての議論をする形にした。

社員数が大幅に増え、全員が参加して議論をすることはもはや不可能となり、四半期ごとに課長以上の管理職だけが参加する形に変えた。そのように、社員数の変化に応じてスタイルは変えてきたものの、私が全員の意見によく耳を傾けた上で意思決定をするあり方は不変である。

私が全体の方向性を提案しているわけだが、それでも決して押し付けではない。「私はこう思うんだが、皆さんはどう思うか?」と、常に相手の意見について「聴く耳」を持っている。その意味で、私は昔もいまも「提案型ワンマン」なのである。

もしも私が、社員の意見などまったく聴かない横暴なワンマンであったなら、そもそも社員たちがついてきてくれるはずもない。いまはもう、横暴なワンマンが通用するような時代ではないのだ。

半世紀にわたってワイエイシイが発展を続けてきたことそれ自体が、社長の私が「横暴なワンマン」ではないことの無言の証明になっていると思う。

ただし、「提案型ワンマン」という言葉が示す通り、私はワンマンであることを否定してはいない。

創業社長・オーナー社長である以上、雇われているサラリーマン経営者とは本質的に異なる。そして、経営者をしていれば誰しも、強力なリーダーシップで社員たちを引っ張ることが必要な場面は必ずあるのだ。そうした場面では、思いきりワンマンぶりを発揮してよいと思う。

また、社員たちの意見を十分に聞き、時には私の意見を変えることもあるが、それでも「絶対に譲れない一線」というものはある。たとえ社内に反対意見が多かったとしても、ここの部分だけは絶対に私の意見を押し通さないといけない――長く経営を続けていれば、そういう局面も少なからずあるのだ。

経営者には時として、ワンマンとしての側面も必要なのである。その意味で、「提案型ワンマン」は、いまの時代に即したリーダーシップのありようだと思う。

15

経営者は社員に「夢」を語れ

トップが夢を語ることが会社の原動力

ミサワホームの創業者・三澤千代治《みさわちよじ》氏に、「社長の仕事は社員に夢を与えること」という名言がある。私はこの言葉に100％同意する。

もちろん、きちんと利益を上げ、会社を持続させ、成長させていくことが社長の仕事であるのは、言うまでもない大前提である。しかし、ただ利益を上げるだけでは不十分なのだ。

「人はパンのみにて生くるものにあらず」という、『新約聖書』の名高い一節がある。「パン」とは、物質的満足の象徴である。「人は物質的に満足すればそれでよいというものではなく、精神的に満たされることを求めて生きる存在である」という意味だ。

これは、2000年以上も前からわかっていた真理なのである。

「きちんと給料を払っていればそれで十分だろう」と考えてしまう経営者は、その根本の真理がわかっていない。人は給料以外にやりがいを求めるものだし、そのやりがいの最大の源となるのは社長が語る「夢」なのだ。

トップが夢を持ち、折に触れて社員にその夢を語ることが、会社の原動力になる。

夢とは、平たく言い換えれば、「この会社で働いていれば、やがて大きなことが成し遂げられそうだ」という、社員が未来に対して抱くワクワク感である。それがあるとないとでは、働くやりがいには天地の差が生ずる。

そもそも、社長が自社の未来に対して夢を持っていなければ、理念も持てず、計画も生まれない。夢は理念と密接な関係を持っているし、夢を現実にしていくために計画は立てるのだから。

そして、社長に夢がなければ社員のやる気を引き出すことはできず、社員を引っ張ることもできないのだ。

会社の目標を立てることは大切だが、その目標がただ単に「今年の売上は○○億円をめざす」というものにすぎないとしたら、それは「夢」ではない。夢と呼ぶにはあまりに現実に近すぎるし、「何のため」という大義が感じられず、物質的満足の域にとどまっているからだ。

それに対して、「10年後に売上100億円をめざす」というなら、それは夢である。そして、何のためにそれをめざすのかという大義を合わせて語るようにすれば、さらによい。

例えば、独自の浸透膜を用いて汚れた水を浄化する画期的製品を開発している企業があったとする。その製品が世に出れば会社の売上は一気に上がることが予想されたとして、「この製品を早く開発して、10年後に売上100億円をめざすぞ」とトップが語るなら、それは立派な夢である。そして、それが単に自社の利益のためではなく、「この製品によって、世界の水不足問題を解決したい」という壮大な構想のためだったとすれば、それが「大義」となる。

もちろん、大義となるのは、それほどスケールの大きなものでなくても構わない。「うちの会社が売上を上げることによって、人口減少著しいこの地域の雇用創出に繋げたい」という思いであっても、それは立派な大義である。

「みんなで見る夢は現実になる」

私はワイエイシイ50年の歩みの中で、常に意識して夢を語ってきた。

創業15周年記念パーティーの席上で語った、「5年後に、ワイエイシイは株式を店頭公開します。5年後の売上は50億円、営業利益は5億円をめざします」は、その代表的な例である。

これは単なる目標ではない。当時の現実を考えれば不可能にすら思える大きな目標であり、まさに「夢」であった。

そして、何のためにその夢をめざすのかという大義は、企業理念の中にすでにうたわれていた。そこには、納税額の拡大を通じた社会貢献、地域社会への貢献、社員の豊かさの追求など、大義となるものが盛り込まれていたのである。

そのような大義が理念の形で社員たちに共有されていたからこそ、私の語る夢が「何のためにめざすものなのか?」ということが、彼らにはわかっていた。だからこそ、私の夢に共鳴し、一丸となってその実現に邁進できたのである。

もちろん、その夢を実現するための具体的な戦略についても、折りに触れ、私から社員たちに語ってきたことはいうまでもない。そうすることでこそ、彼らはその夢に現実みを感じることができるのだ。

その結果、5年後までに目標は達成された。つまり私は、ワイエイシイの上場前には、上場という夢を語り続け、そのことによって社員たちを鼓舞してきたのだった。トップの語る夢に全社員が共鳴するとき、そこにどれほどの力が生まれるのかを、私はそのとき改めて思い知った。

補足すれば、当時は企業が上場をめざすことが夢として語られるようになった時期でもあった。そういう社会的背景があったからこそ、上場をめざすことが全社員共通の夢になり得たのだ。


故ジョン・レノン夫人で、世界的な前衛芸術家でもあるオノ・ヨーコ氏に、「一人で見る夢は、ただの夢です。でも、みんなで見る夢は現実になります」という名言がある。

私は、この言葉は企業経営についてもあてはまると思う。社長一人が夢として抱いているだけでは、けっして現実にはならない。それを社員たちと共有し、会社全体の夢にまで広げたとき、「みんなの力」によってそれが現実になっていくのだ。私はそのことを、上場までの道筋において、深く確信した。

そして、上場達成後は、「創業50周年で最高益を出す」という近い夢と、「将来的には1000億円企業をめざす」という比較的遠い夢を、常に社員たちに語ってきた。

そのように、近い夢と遠い夢の両方を語ることも、重要なポイントである。遠い夢だけでは現実感が乏し過ぎる。さりとて、近い夢だけでは現実に近過ぎて、その先の未来にワクワクを感じさせる夢にならない。両方が必要なのだ。

中小企業経営者こそ夢を語れ

私は、取引のあるメガバンクのゴルフ会などの親睦会の会長を、複数務めている。その関係で、地元の中小企業経営者を前にして語る機会が多い。そういうときによく言うのは、「中小企業経営者こそ、社員たちに夢を語ってください」ということである。「皆さんの会社の社員さんたちが何を心配しているかといえば、『うちの会社の将来はどうなるんだろう？』ということだと思います。だからこそ、社長が機会あるごとに、『うちの会社は5年後にはこうなっているぞ。10年後までにこうしていくぞ』という夢を語ってあげることが大切なのです。

ただ、それが単なる大風呂敷だと思われないように、それを実現していくためにどんな戦略を考えているかを、合わせて説明することも大切です」

それは、私自身が経営者として心がけてきたことなのである。

そして、中小企業経営者には、そうした夢を社員に語らない人が、意外に多いのである。まったく残念なことだと思う。

経営者としての夢がないのは論外だが、夢はあるのに、「小さな会社なのに、大きな夢を語るのは恥ずかしい」という気持ちから、社員たちには語りにくいのかもしれない。しかし、いまの企業規模が小さかったとしても、臆せずにどんどん大きな夢を語っていくべきである。「ちっぽけな会社なのに、大げさな……」と笑う社員も中にはいるかもしれない。だが、そんな社員がもしいるとすれば、悲しいことだと私は思う。トップの夢に共鳴し、共に夢の実現に邁進してくれる社員こそ、会社にとって大切なのだ。

それに、大企業の社長はサラリーマンである場合が多く、5年にも満たない任期で交代する。そのため、5年後、10年後の夢など、そもそも語りにくいものなのだ。

一方、中小企業経営者は、自らが創業者でオーナー社長であるケースが多く、だからこそ夢が語りやすい。

たとえいまは小さな会社であったとしても、中小企業経営者こそ、社員たちに熱く夢を語るべきなのである。

16

経営者の率先垂範が社員を動かす

誰よりも働いた創業期

大企業の場合、一般社員から見て社長は「雲の上の人」であろう。しかし、まだ小さい中小企業の場合、社長はいつも目の前にいる存在だ。

故に、社長は自らの一挙手一投足を社員に見られている。それも、社長が思っている以上に、彼らはよく見ているものだ。そのことは常に意識する必要があるだろう。

「上司が部下を理解するのには3年かかるが、部下は上司を3日で見抜く」という言葉がある。元になっているのは、「上、3年にして下を知り、下、3日にして上を知る」ということわざである。

これは、人の上に立つ者への戒めとして、少し大げさに言っている言葉だろう。ただ、当たらずとも遠からずという気がする。だから、人の上に立つ者、特に経営者は、常に率先垂範（先頭に立って模範を示すこと）を肝に銘じなければならない。

社長自身ができていないこと、やっていないことを、社員たちに「やれ」と命令しても無駄である。そんなとき、社員たちは、社長の言葉と行動の齟齬《そご》に必ず気付いている。口では「はい、わかりました」と言っても、「そんなことを言うなら、まず社長が手本を見せてくれよ」と白けているものなのだ。それではやる気が出るはずもない。だからこそ、私はワイエイシイの創業期から、社員たちに対する率先垂範を常に意識してきた。「社内の誰よりも、社長の自分が懸命に働き、手を汚し、汗を流そう」と決意していたのである。

当時、私は誰よりも早く出社した。朝7時にはもう会社にいて、社内の掃除やトイレ掃除までやった上で、社員の出社を出迎えた。そして、夜は11時くらいまで会社で働いた。家に帰るのは、たいてい私がいちばん遅かったものだ。

また、普段の土日はもちろん、年末年始も休まずに一人で出社した。年頭の仕事初めの日に社員たちに対して行うスピーチの原稿を、年末年始の休みに出社して、一人でまとめたものである。さすがにその時期はほぼ誰も出社せず、来客もなく、電話も鳴らないから、一人でゆっくりと内容を練ることができたのだ。

社内やトイレの掃除は、創業10年目まで続けた。その頃にはさすがに忙しくなり、専門の清掃業者に委託するようになったのだ。

また、最近でこそ出社も遅くなったが、いまでも土日はほぼ出勤している。私は、会社にいる時間こそ、いちばん気持ちが落ち着くのだ。創業期には長期休暇など取ったことがなかったし、朝7時出勤、夜11時退勤というサイクルは近年まで続けていた。「社内の誰よりも、社長の自分が懸命に働いた」と、自信を持って言うことができる。

私のそうした姿は、社員たち、特に一緒に創業した役員たちに、ある種の安心感を与えたと思う。「この社長と一緒にやっていけば大丈夫だ」と、彼らは思ったはずだ。また、誰よりも働く私の姿が社員たちの手本ともなり、ワイエイシイという会社の社風の基盤を形成したと思う。経営者の言葉ではなく、経営者の行動こそが社風を作るのである。

時代が変わっても原則は不変

私は長野県の農家の生まれである。いまは違うかもしれないが、私が子どもの頃の農家は、年中無休で朝早くから家族総出で働くのが当たり前の世界であった。

私もそういう環境で育ったので、働くことが少しも苦にならない。早朝から夜遅くまで働くのも、休日出勤も、私にとっては何ら特別なことではなかったのだ。それは経営者としての責任感の発露でもあったが、一社員だった時代から同じことをしていた。

高卒で郷里から出てきて就職した頃、私は部内の誰よりも早く出社し、ほかの社員たちの茶碗を洗ったり、掃除をしたりした。出社した社員たちに、洗った茶碗でお茶を淹れて出すと、「百瀬が淹れてくれるお茶はおいしくていいなあ」と喜ばれたものだ。部内に女子社員はもちろんいたが、新入社員時代には私が率先してお茶くみをしていた。

そうしたことを、私は「上司の覚えをめでたくして、早く出世しよう」という打算でやっていたわけではない。農家育ちで、子どもの頃から家の仕事を手伝ってから学校に行っていた私にとっては、ごく当たり前の行為だったのだ。

社員時代のそうした経験も土台にあったから、社長になってから率先して掃除などを行うことも、自然にできた。

もっとも、サラリーマン時代と同じことをやっているようだが、社長になってからの行動は、赤字を出さない、不渡手形の分を取り返さなければならない、といった責任感によるものが大きい。

もちろん、昭和期の話であるから、創業期の私がやっていたような形の率先垂範

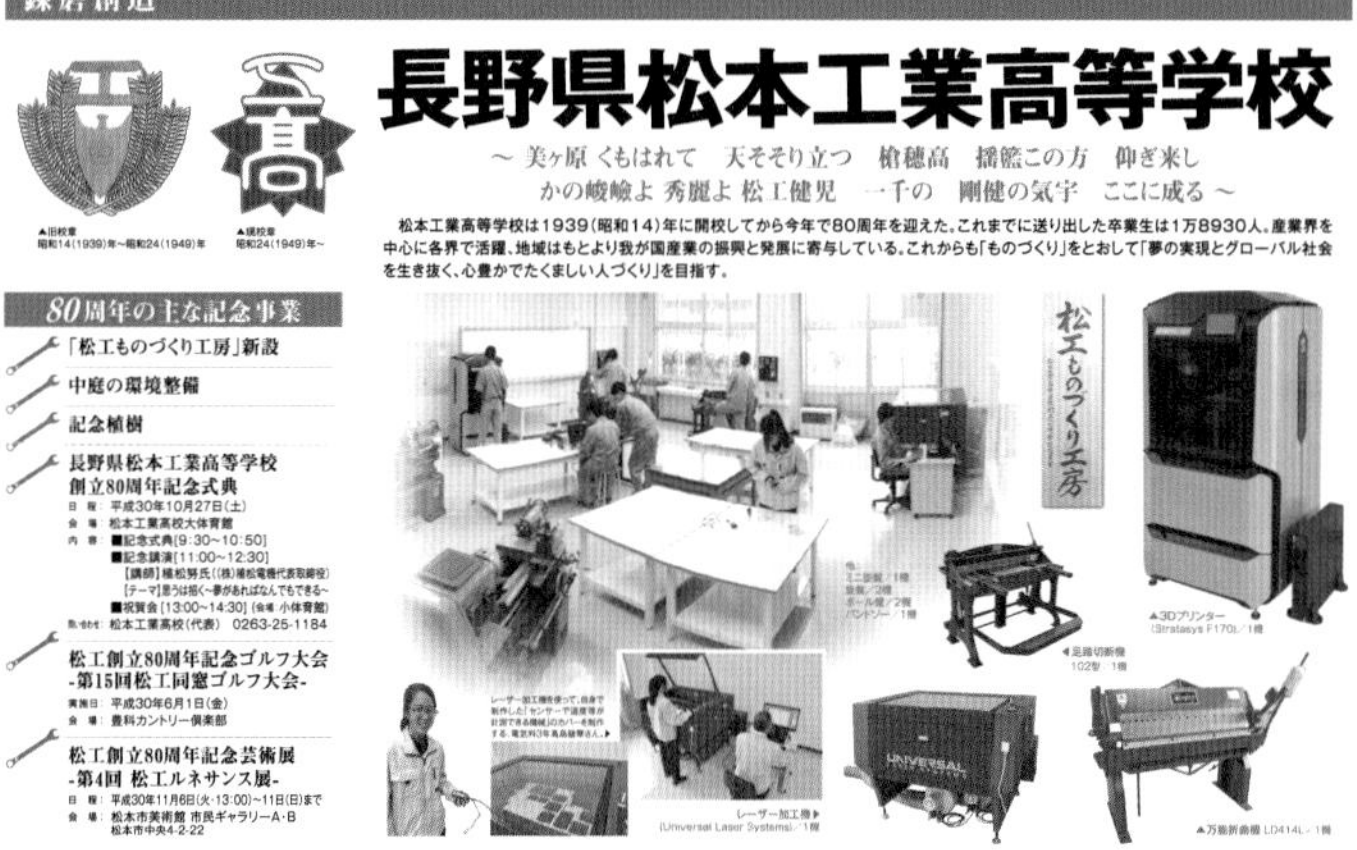

母校である長野県松本工業高等学校創立80周年記念し、広告を出稿
(信濃毎日新聞　2018年10月27日朝刊)

を、いまの経営者にそのまま勧めることはできないだろう。

何しろ、国を挙げて「働き方改革」が推進され、長時間労働がやり玉に挙がる昨今である。いまでは美談ではなく、「いかにも昭和的なモーレツ社員」の悪い例として受け止められかねない。だから私も、ワイエイシイグループ各社の社長たちに、「トイレ掃除までするべきだ」などとは言わない。ただ、「社長が先に帰宅するようではダメだよ。誰よりも長く会社にいるように心がけないといけない」とはよく言っている。

たとえどんなに時代が変わっても、経営者が率先垂範することの大切さ自体は、何ら変わらない。その時代にふさわしい形の率先垂範があるのだ。

17

経営者は「イエスマン」を集めるな

好き嫌いで人を選んではならない

人間には誰しも、気の合う相手と合わない相手がいるものだ。気の合う相手と過ごす時間は楽しく、合わない相手と過ごす時間には苦痛も伴う。

それは当たり前のことだが、中小企業のオーナー社長の場合、その好き嫌いを人事にまで持ち込んでしまい、手痛い失敗をする事例が多いものだ。小さな会社ほど社長の裁量で人事が動かせる面があるから、なおさらである。

だから、どうしても自分の側近幹部を気の合う相手で固めてしまいがちだ。気の合う相手でも優秀な人ならまだしもだが、幹部としての優秀さという基準で選ばず、「自分の言うことを聞いてくれる者を重用する」という偏った人事を行うと、経営に実害が生じる。

本来、経営者にとって側近幹部は、自分とは異なる視点からの客観的判断をしてくれる得難い存在である。例えば、経営者が判断を誤って暴走しかけているときには、いさめてブレーキをかけるのも側近の役割だ。

ところが、社長が好き嫌いで幹部を選ぶと、そういう忠言をしてくれる人は外されてしまう場合が多い。とかく「忠言耳に逆らう」もので、耳の痛いことを言う相手は遠ざけたくなるのが人の常だからである。

その結果、会社の行く末を考えるのではなく、自分の保身ばかり考えて、社長のお追従に徹する「イエスマン」ばかりが幹部になってしまう。そうなると、社長が判断を誤った場合、それを指摘して止めてくれる相手がいない。会社が間違った方向に進み、倒産に向けてまっしぐらになるのだ。

だから、経営者という立場になったら、好き嫌いで人を選んではならず、自分とはそりが合わなくても必要な人材は重用しなければならない。「会社の利益を上げるためには、この人が是が非でも必要だ」ということであれば、人としての好き嫌いなど二の次にしてしかるべきなのだ。

だが、その大原則を理解していない経営者は、残念ながら多いようだ。周囲にイエスマンばかり集めて失敗する事例は後を絶たない。

創業期のワイエイシイを守った、一つの決断

私自身は、創業当時から、好き嫌いで人事を誤ることはなかったと思う。

例えば、ワイエイシイの創業メンバー5人の中には、一人だけ、他の4人と波長が合わない男がいた。率直に言えば、彼には少しわがままなところがあった。

5人の結束が何よりも大切な時期だったから、彼が和を乱しがちな傾向について、私は悩んだ。「彼と話し合って辞めてもらったほうが、ワイエイシイという会社のためにも、彼自身のためにもよいのではないか」――そう思った時期もある。

だが、好き嫌いを抜きにして客観的に能力を評価すれば、彼はむしろ5人の中でも優秀な人物であった。会社の土台を築いていた創業期のワイエイシイにとって、彼の能力はどうしても欠かせなかったのだ。

だから、私は「彼にはいてもらおう」と決めた。そしてそれからは、彼がほかの社員と軋轢を起こさないように気を配ることに徹したのである。

結局、創業から10年以上経ってから、彼は自ら会社を去っていった。それは必然的な成り行きだったのだろう。

だが、そこまでの10年間で、彼はワイエイシイに大きく貢献してくれた。もしも創業間もない時期に彼を辞めさせていたら、我が社の発展はもっともっと遅れていたかもしれない。

視点が画一的な組織は滅びる

最近出た、『多様性の科学――画一的で凋落する組織、複数の視点で問題を解決する組織』という本がある（マシュー・サイド著、ディスカヴァー・トゥエンティワン刊）。英国のジャーナリストが、組織にとって多様性がなぜ大切なのかを、さまざまな角度から検証した組織論だ。

同書によれば、多様性の乏しい画一的な組織は大事な判断を誤りがちで、その結果凋落《ちょうらく》していくという。「どれだけ優秀でも、同じ特徴の者ばかりを集めた多様性に欠けるチームでは、集合知を得られず高いパフォーマンスを発揮できない」と……。

社長が幹部にイエスマンばかりを集める会社が失敗を繰り返し、滅びていくのも、そのためだろう。そういう会社は、社長と同じ視点の者ばかりが経営層に集まっていることになる。視点が画一的になり、社長の判断が誤っていたとき、その誤りに気付けないのだ。

昨今は企業にダイバーシティ（多様性）の確保が求められる時代だが、それは単にマイノリティ（社会的少数者）への配慮というだけではない。企業としての健全性を保つためにも、多様性の確保は重要なのである。

その意味からも、経営者は、自分と性格の合わない相手でも、能力があれば重用するべきなのだ。

そして、いまにして思えば、創業期のワイエイシイには画一的ではない多様な視点が保たれていた。だからこそうまくいったのだ。

18

経営者の公私混同は崩壊の始まり

会社は「経営者のもの」ではない

すでに紹介したが、我が社の「成長理念」には「株主を優遇する」という一項がある。株式会社としては当たり前のことだが、それをなぜ敢えて理念に入れたかといえば、一つには「会社は経営者のものではない」という戒めのためである。

ワイエイシイは、たまたま創業以来私がずっと社長を務めているが、私のものではない。社員たちのものであり、株主のものであり、広く社会のものである。「会社は社会の公器」であり、私物ではないのだ。

だが、中小企業の社長、特に創業社長の中には、その当たり前の大原則を理解していない人が少なくない。「この会社のものは、紙一枚、鉛筆一本に至るまで、社長である自分の持ち物である」――口には出さなくても、そんなふうに思い込んでいる人は決して珍しくはないのだ。とんでもない心得違いである。

そして、経営者が公私混同していると、そのことが会社自体を弱体化させる。なぜかというと、一つには社員たちのやる気をそぐからだ。

経営者の公私混同が如実に表れることの例として、勤務時間中の私用や交際費の行き過ぎた使用がある。

社長が勤務時間中に私用で出かけたり、私的な娯楽のためにしょっちゅう出かけていたら、社員たちはどう思うだろうか？「自分たちが同じようなことをしたら上司に厳しく叱られるのに、社長なら許されるのか？」と理不尽に感じるだろう。

だからこそ、社長自らが公私のけじめをしっかりとつけなければならないのだ。そうしないと、社員たちが社長を悪い意味で見習ってしまい、社内の規律が崩れていく。そうやって少しずつモラル崩壊が進んでいくと、やがて社内の空気そのものがだらけていく。それは社長の公私混同が招いた結果なのだ。

交際費の濫費については、飲食の支払いに特に注意が必要だ。経営者は、外部の人間と飲食する機会が多い。しかも立場上、高い店での飲食になりがちだ。

特に、酒を飲むのが好きな経営者は、仕事にかこつけて飲むことが多くなりすぎないよう、厳しく自分を戒める必要がある。

私自身はほとんど酒が飲めないため、そうした失敗をすることもなかった。その意味では、飲めなくてむしろよかったとすら思う。

グループ各社にも厳しく戒める

ワイエイシイは創業以来、役員の公私混同を厳しく戒めてきたので、そのようなことが起きにくい社風がすでに出来上がっている。ただ、M＆Aによってグループ会社が増えると、社風の異なる会社と一緒になるわけだから、律し直す必要も出てきた。中には、交際費の処理などが緩かった会社もあるからだ。

社長や役員の公私混同を許さないことはワイエイシイのよき伝統なのだから、グループ各社にもしっかりと浸透・定着させないといけない。

そのために、グループ各社の社長が私のもとに集う毎月の「社長会」では、私のスピーチの中に、「ワイエイシイグループは、社長や役員の公私混同は許さない」という話を、しばしば盛り込んでいる。

トップの公私混同は、組織のモラル崩壊の始まりになるからだ。経営者は、そのことを肝に銘じる必要がある。

19

#「人脈作り」を目的化してはならない

「諸《もろ》刃の剣」となる人脈作り

これは前項と関連する話だが、経営者にとって「人脈作り」は諸刃の剣であるということを本項では述べていきたい。

中小企業経営者は、その地域を代表する名士と見做されることが多い。そうなると、地元のさまざまな集まりなどにしばしば引っ張り出されるものだ。企業は地元地域と共存共栄していくべき存在であるから、そうした友好活動も大切ではある。ただ、それが度を越してしまい、地域役職に時間を取られるあまり、経営がおろそかになってしまうケースもある。

その辺の線引きをしっかりと行い、経営に支障を来すほどのコミットは厳に避けなければならない。

また、会社を長く続けていくほど、同じ業界の関係者からの親睦会の誘いなども増えるものだ。同業の経営者なら共通の話題、共通の悩みごとも多く、親睦会自体は楽しいものになることが多い。時には、その手の会で知り合った経営者と個人的に親しくなり、飲みに行ったりする仲になることもあるだろう。

だが、私のこれまでの経験からして、地域の集まりも、業界の集まりも、実際の仕事に役立つことは少ないのだ。

その人脈は経営に役立っているか？

私自身、メガバンク2行の会の会長を長らく務めている。そのうち一つは30年近く、もう一つも15年以上続けている。

人脈作りの側面もないではないが、それを仕事に役立てようとはあまり思っていない。地元に根差した企業を経営する者の責任として、地域友好活動としてやっていることである。

私はゴルフも好きなので、年に何回かゴルフコンペに参加する。そうした場で、まったく畑違いの企業経営者と知り合うこともあり、話をするのは刺激的で楽しい機会である。ただ、そうした人脈は、ワイエイシイの仕事とはあまり関係がない。

そもそも、この人脈を仕事に役立てようとも思ってやっていることではないので、関わりには節度を持って臨んでいる。

「この人脈は我が社の経営にとってプラスになっているのか?」――そのことを常に自らに問いかけつつ、人脈作りに取り組まなければならない。

20

人を見極める決め手は「前向きさ」に尽きる

半世紀の真剣勝負で到達した真理

ワイエイシイで採用する人材は、新卒であれ、中途採用であれ、最終的には社長の私の面接で可否を決める。

したがって、私が約半世紀にわたって社長を務めてきたということは、それだけの年月、「人を見極める真剣勝負」を重ねてきたということに他ならない。一人の社員を採用するということは、会社の一部を委ねる相手を決める重大な選択であるからだ。人材確保こそ企業の生命線である。

一度採用してしまえば、たとえ期待外れであっても、よほどのことがない限り解雇などできない。しかも、採用する相手とは初対面なのに、原則的には2~3回程度の面接で決めなければならない。その意味で「真剣勝負」なのである。

また、2000年代に入ってから始めたM&Aにおいても、当然のことながら、提携を決定する前には相手会社の社長と面談をする。これもまた、たった数回の面談で相手の資質を見極める真剣勝負である。

そのように、初対面の相手の「人としての本質を見極める真剣勝負」を重ねてきた経験を踏まえ、辿りついたシンプルな真理がある。

それは、結局のところ、いちばんの決め手となるのは前向きさ・明るさであるということ。また、採用は学歴・経歴に目を奪われてはならないということだ。

多くの中小企業同様、ワイエイシイも、長い間、採用には苦労してきた。その中で、採用に当たっては、何よりもまず、本人のやる気と前向きさを重視した。

黙っていても優秀な人材がたくさん集まってくる一流大企業とは違い、中小企業の面接には、まだ何者でもない普通の人が集う。相手が磨けば光るダイヤモンドの原石なのか、それともただの石ころなのかは、実際に働いてからでないとわからない。

そして、ダイヤか石ころかを分かつ最大の条件が、相手の「前向きさ」なのである。

これまでの採用経験を踏まえて思うに、高学歴の人間や、一流企業にいた人間が仕事ができるとは限らない。逆に、学歴が低く、学校での成績も芳しくなかったとしても、採用して仕事を任せているうちに大成長して、我が社に欠かせない人材になる場合もある。学歴や経歴、学生時代の成績は、採用の決定要因にはならないのだ。

しかし、元気さ・前向きさ・明るさだけは、絶対に見過ごせない要因である。

「元気ですか～!?　元気があれば何でもできる！」はプロレスのアントニオ猪木氏の決め台詞《ぜりふ》だが、それは確かに人生の真理だと思う。前向きささえあれば、入社後の育成によって、会社に役立つ人材となるものなのだ。

「やり抜く執念」こそが大事

もっとも、普段はネガティブなのに、「採用面接のときだけ前向きで元気なふりをする」ということも、できなくはないだろう。その意味で、面接だけで相手の本質を見抜くというのは、なかなかの難事である。

ただ、私はこれまでの経験を踏まえ、相手の前向きさ度合いを見抜く定番の質問を用意してある。具体的な質問についてはある意味「企業秘密」であるから割愛するが、その質問を投げかけてどう答えるかによって、前向きか否か、これからの人生で自分を成長させたいと真剣に考えているか否かを判断する。それに、そのときの相手の目の輝きによっても、ある程度は人間性が推し量れるものである。

また、採用面接でもう一つ重要なのは、ワイエイシイという会社がどのような理念を持っているかを説明し、それに共鳴してくれるかどうかを見極めることである。それはいわば、社長である私と相手との「価値観の擦り合わせ」の作業である。

我が社の理念にちゃんと共鳴してくれる人なら、入社してから仲間としてやっていけるだろう。そしてまた、共鳴してくれる人は、基本的に前向きな人だろうと思う。


前向きさがなぜそれほど重要であるかを別の角度から述べるなら、それは「前向きさとは、『やり抜く執念』があるということに他ならない」からである。うしろ向きな心の持ち主は、何をするにしてもすぐに諦めてしまう。逆に、前向きな人は、一度や二度の失敗でも諦めず、「絶対にできる!」という確信を抱き続け、何度でもチャレンジを繰り返す。

そのような「やり抜く執念」こそが、企業人として大成するために最も大切な資質なのである。

「やる気」というものも、瞬間風速で強くなるだけではあまり意味がない。やる気をたゆまず持続させ得る力こそが「やり抜く執念」であり、それは前向きさを土台として生まれてくるのだ。

企業の成功を決めるのは、結局のところ社員の「やる気」である。やる気のある人間がどれだけそろっているか、そしてそのやる気を社長が一つの目標に向けて集約できているか？　それこそが最大の成功要因なのだ。

そして、やる気のある社員をそろえるためには、前向きな人間を採用すること、そしてやる気を引き出す仕組みの構築が必要だ。

結局のところ、人を見極める決め手は「前向きさ」に尽きるのである。

21

人材育成は重要だが、人生観は変え難い

成長意欲のない者は「育成」できない

前項では、「(採用する) 相手が磨けば光るダイヤモンドの原石なのか、それともただの石ころなのかは、実際に働いてからでないとわからない」と述べた。その「原石を磨く」プロセスが、会社で行う人材育成ということになる。採用後の人材育成は、もちろん重要である。ワイエイシイでも、そこには力を入れている。

我が社の人材育成の基本は、目標を明確にし、そこに向かってみんなで議論を重ね、一人ひとりに「経営に参加している」という意識を持たせることだ。その積み重ねによって、大半の新入社員が、3年もすると見違えるように成長する。

ただ、中には成長しない者もいる。半世紀会社を経営してきた実感として、「どんなに手塩にかけて育てても、まったく変わらない、成長意欲のない人間もいる」という、悔しい現実があるのだ。我が社は、将来に向けて大きな夢を掲げ、その夢をめざして皆で成長していこうとする企業である。だが、そうしたことにまったく価値を見いだせない人も、一定数いるのだ。

「自分はそこそこでいい。給料分だけ働いて、平穏に暮らせればそれでいい。別に、仕事に対して夢や目標なんて要らない」――そういう考え方の人たちである。

それもまた一つの人生観・価値観であり、否定しようとは思わない。ただ、私の人生観・価値観とは相容れない。

そして、そのような人生観・価値観は、持って生まれた性格と幼少期からのさまざまな経験によって、長年の間に培われたものである。故に、短期間の教育では変え難い。変えようとしても無駄だというのが、これまでの経験から得た結論である。

だからこそ、できるだけそのような人生観を持った人は採用しないようにしたいのだが（我が社にとってのみならず、本人にとっても不幸だろう）、それはなかなか難しい。採用した人間のうちの数％は、私と相容れない人生観を持ち、成長意欲がないということが、後から判明するのだ。

人を採用するということは、まことに難しい。半世紀やってきても、いまだに見込み違いはゼロにはならない。

人口減少問題への提言

しかしながら、だからこそ、教育は必要不可欠なものである。

私は年に20回以上、大勢の人前で話をする機会があり、その際に、一般情勢として、国などの各機関から発表された数字を交えて話をさせていただいている。その中でも特に衝撃的で、強い懸念を抱いていることについて書かせていただきたい。

それは、日本の人口減少問題である。

私は、国力というものは、「経済力」、「軍事力」と、それらを背景とした「外交力」で決まると考えている。最近では、中国やインドをはじめとする人口の多い国の国力が増してきていることは周知の事実だ。

日本は、昭和41年（1966年）に初めて人口が1億人を突破したが、2008年の1億2808万人をピークに、極めて急激な減少に転じている。2022年の1年間の自然減は、78万2305人（2023年2月28日厚生労働省発表）にも上る。

同年の福井県の人口が76万7千人（47都道府県中多い順に43番目）という数字であったが、実に福井県の全員に相当する人口がたった1年間で減少しているということになる。

逆に出生数はどうだろうか。2022年1月〜12月の出生数は799728人と、80万人を下回ったという発表が厚生労働省からあった。

私は昭和12年生まれだが、当時の出生数は1年に218万人もあったことを考えると、当時の約3分の1にまで減少してしまっているのだ。

私の生まれた頃は「産めよ増やせよ」と言われており、私自身は9人きょうだいですが、5人くらいは当たり前の時代だった。当時は決して豊かな時代ではなかった。間違いなく、今の方がはるかに豊かなはずだ。それでも、都市にも農村にも漁村にも、どこにでも子どもたちは大勢いて、活気があった。

岸田首相が異次元の少子化対策を唱え、対策に乗り出しているが、お金の支給や育児休暇の充実等だけでは、根本的な解決は難しいのではないだろうか？

この問題について経済的な観点から私の考えを述べると、日本のGDPの6割以上は国民の消費で構成されているが、人口が減れば、物を買って消費する人が減るということになる。

人口を減らさず、少なくとも維持することが、日本に暮らす私達にとって必要なことなのだ。人口が増えてくると、経済が活性化し、日本の会社で働く人の給料も増え、みんながハッピーになれるはずだ。経済の問題以外にも、空き家問題や、学校の統廃合の問題を含めて、いろんな問題の解決に繋がる。こうしたことを、小学校から中学、高校くらいまでの教育に取り入れて、教えていただきたい。

教育は、その人の考え方に深い響を与えるものである。

悪い意味でも当てはまるが、先に述べた内容は経済の原則である。教育によって、みんながこういうことを意識するようになれば、深刻な人口減少問題解決の糸口が見えてくるのではないだろうか。いま、それを変えられるのは教育しかないのだ。

22

「共存共栄」としてのM＆A

元の経営者も社員たちも切り捨てない

「10　逆境こそ会社を成長させるチャンス」でも少し触れたが、ワイエイシイがM&Aによる事業拡大を始めたきっかけは、１９９５（平成７）年に出した創業以来初の赤字にあった。その赤字は、二つの新規事業に立て続けに失敗したことが直接の原因であった。そして、初めて赤字を出し、どうしようかと思い悩んでいた頃、たまたま知っている会社の社長から「助けてくれないか？」と打診を受けたのである。

成長し続けることをめざす我が社だが、変化のスピードが速い今の時代に、自社の力だけで新規事業を起こして拡大を続けることは非常に困難だと、そのとき悟った。そこで、新たな方向性としてM&Aによる事業拡大を始めたのだ。

M&Aで取り込まれる側の会社にとっては、社長は退任し、社員の解雇も含めて、従来の会社と全く違う形になってしまうのではないだろうか、これから自分たちはどうなるのだろうかと、とてつもない不安に襲われるかも知れない。しかし、ワイエイシイの場合は、原則として元の社長にそのまま業務を継続してもらい、社員の雇用も守ってきた。

ワイエイシイのM＆Aは、新しい分野に事業領域を拡大することを主たる目的としており、そういう意味ではワイエイシイ側は新しい分野の素人であると言える。M＆A先の会社が今まで培ってきた技術、ノウハウを最大限生かすことができるよう、原則として従来の体制を維持するのである。餅《もち》は餅屋である。

ただし、事業戦略や経営のやり方は、ワイエイシイのやり方に変えてもらう。ワイエイシイがこれまで50年間成長を続けてきたやり方を取り入れれば、必ず結果が出るからである。

ワイエイシイはさらなる成長に向かって事業領域を拡大することができる。M＆A先の会社はこれまで通り事業を継続することができるだけでなく、ワイエイシイの経営手法を取り入れることにより、更なる発展が期待できるのである。まさにWin-Winである。これが、ワイエイシイのM＆Aの強みである。

企業文化の統一が不可欠

すでに述べた通り、ワイエイシイは「創業理念」「成長理念」「究極の理念」という三つの企業理念を掲げ、それを羅針盤として進んできた。理念はいわば我が社の憲法であり、そこから外れた経営は絶対にするわけにはいかない。

Ｍ＆Ａをするに当たっても、相手先の経営者と従業員に、その理念と、それが示す企業文化に共鳴してもらわなければ始まらない。企業にはそれぞれ固有の企業文化があり、ワイエイシイとは異なる文化で歩んできたのだから、そこから統一しないと有意義なＭ＆Ａにはならないのだ。

だから、私は相手先の経営者と事前に会うとき、必ずワイエイシイの企業文化、経営姿勢についての話をする。そこに共鳴してくれなかったら、そもそもＭ＆Ａの話はできない。だが、これまでにＭ＆Ａを行ってきた経営者は、いずれも深く共鳴してくれた。

また、実際にＭ＆Ａが決まった後には、まず私が相手先の会社に赴き、全社員の前で訓示をする。「ワイエイシイとはこういう経営姿勢でやってきた会社であり、これからは皆さんも同じ企業文化を共有して働いてほしい」という話をするのだ。

それも、1回話をしただけでは足りないから、年に3回はグループ各社を回り、その都度社員たちの前で話をする。ワイエイシイの企業文化について、また別の角度から話すのだ。そうやって、何度も話を重ねていってこそ、企業文化を浸透・定着させることができる。そのプロセスは、決して他人任せにはできない。

M&Aを始めてから痛感したことがある。それは、「M&A先の社員を教育することは、新卒の新入社員を教育するよりも難しい面がある」ということだ。それは、M&A先の会社で長らく働き、その企業文化にどっぷり染まっているからだ。

新入社員なら、真っ白なキャンバスに絵を描くように教育でき、彼らは教えられたことをすんなり吸収していく。それに対して、M&A先の社員は、意識改革から教育を始めないといけない。だからこそ、他人任せにはできないのだ。

前よりも強くなるために

「ワイエイシイのM&Aは、元の会社を尊重する形で行う」と述べた。とはいえ、グループ傘下に入ることで元の会社よりも強くなっていかなければ、そもそもM&Aを行う意味がない。だから、強くなるための改革は行う。

M&A自体にシナジー（相乗効果）が働くことが多いから、基本的には両社にとってプラスとなる。特に、M&A先が同じ領域の事業をしている場合、売上が両社の元売上の総和より大きくなるケースがある。「1+1=2」に終わらず、3にも5にもなるのだ。まさにシナジーが働いている。

また、ワイエイシイグループ全体を強化するために、各社の社内体制のスリム化・効率化も推進している。

M&Aを推進していくと、各社で同じような役割の部署が重複してしまう問題が浮上する。そこで、各社がそれぞれ持っている人事・総務・経理といった部門を、ワイエイシイホールディングスに一本化していくのだ。

例えば、人事や総務部門の社員は各社に数名から10名程度いるが、ホールディングスに一本化すれば、各社には一人か二人いればよいことになる。

スリム化によって仕事を失った人材をどうするかという問題があるが、もちろん切り捨てたりはしない。グループ全体のDX(デジタル・トランスフォーメーション)化を推進していく必要があるので、そのために新設する部署で働いてもらうことなどを計画している。

その部署によってワイエイシイグループのDX化が進めば、組織全体の合理化が進み、より少ない人数で回していけるようになるだろう。そこで浮いた人材を新規事業に回していけば、人を増やすことなく事業拡大ができる。M&A展開の先に、私はそんな構想も抱いている。

グループ各社の社長については、基本的にはM&A前の社長が継続する。ただ、「赤字は社会悪」が私の信念であるから、業績不振については厳しく対処する。グループ各社の社長は、一度でも赤字を出したらイエローカードで、連続赤字ならレッドカード――つまり社長の交代を検討することにしている。

もちろん、それは赤字の度合いにもよる。たとえ一度だけの赤字であっても、赤字幅があまりに大きければ、社長交代を検討しなければならない。

そうした方針はもちろんあらかじめ伝えてあるから、各社の社長も必死である。その必死さこそが、ワイエイシイグループ全体を成長させていくのだ。

いまだに「M&Aは乗っ取りだから、そんなことはやりたくない」と考えている人がもしいたら、ワイエイシイのM&A展開を見本にしてほしい。

M&Aは、これからの時代に中小企業が生き残っていくために、不可欠な経営手法だと思う。

23

グループ会社の切磋琢磨でさらなる成長を

「連携と競争」をワンセットに

前項で、ワイイエイシイのM&Aはけっして「乗っ取り」ではなく、共存共栄なのだということを説明した。しかしその反面、M&Aによって生まれたワイエイシイグループは、各社が切磋琢磨《せっさたくま》する競争の舞台でもある。

グループ各社は足りない部分を補い合う連携相手だが、反面、激しい鍔迫《つばぜ》り合いを続ける「ライバル」でもある……そのようなあり方こそ、持続的成長をめざすワイエイシイにふさわしい。そう考えた私は、各社が密に連携しつつ競い合う体制を作り、そのための仕掛けを「連携と競争」と名付けた。

一般に、ホールディングスのデメリットとして、グループ各社が社風の違いなどから対立し、情報の断絶が生まれてしまうことが挙げられる。それではホールディングスにする意味がないし、全体の力がそがれてしまうことになる。

しかし、ワイエイシイグループの各社は互いの情報を密接に共有しているし、同時に激しく競い合ってもいる。そのための舞台として、グループ各社の幹部たちによる会議を頻繁に行っているのだ。

そうした会議の代表的なものが、毎月1回、グループ各社の社長が私のもとに集う「社長会」である。この会では、各社の直近の業績状況が報告され、月々のデータが克明に開示される。そして、毎月の予算と結果に対しての評価と総括が、私からなされるのだ。

社長会では費目別にグループ各社の月次ランキングも発表されるため、下位企業の社長には大きなプレッシャーがかかる。また、総合ランキングに合わせて、社長会の席順すら変える。自分が率いる会社がグループ内のどの位置にいるのか、一目瞭然なのだ。厳しいようだが、そうした切磋琢磨があってこそ、各社も成長するのである。グループ各社の関係がぬるま湯のようななれ合いであっては、ワイエイシイ全体としての成長も続けられない。

また、社長会に合わせて討論会を行うこともある。その時々のグループ全体の問題点をテーマとして取り上げるものだ。

テーマは、例えば「粗利率を上げるためにどうしたらよいか?」「受注を増やすためにどうすべきか?」「効率的な営業活動をするにはどういう方法がいいか?」などというものだ。そうした各回のテーマについて、まず分科会形式で、3~4グループに分かれて討論する。そして、最後に全体で共同討論をし、グループ全体の一つの結論としてまとめ上げるのだ。そうした討論会は、ワイエイシイグループ全体として進むべき方向性の擦り合わせと言える。

以上の説明だけでは、社長会は堅苦しく、成績不振の会社が針のむしろに座らされる重苦しい場という印象を受けるかもしれない。

だが、決してそんなことはない。各社の経営上の創意工夫が、喜々として報告される場面もある。また、時にはある会社の経営者が切々と悩みを報告し、みんながそれについての助言や激励をする場面もある。和気あいあいと楽しい面、ぬくもりに満ちた面もあるのだ。社長会を通じて人間的交流が生まれ、社長同士が親友のように仲良くなるケースもある。

だが、それは決して傷をなめ合うようななれ合いではない。社長会は、競い合い、刺激を与え合い、互いを高め合う場なのである。

グループ各社に目を光らせる

社長会は各社の社長が私のもとに集う形だが、逆に、私のほうからグループ各社に赴く場合もある。例えば、グループ各社が役員会を開くとき、私は必ず出席している。

そして、その席上、敢えてグループ各社の数字をすべて開示し、その会社がどこに位置しているのかを、幹部に伝えている。

成績下位の会社の社長は、自社の幹部の前でそれを伝えられ、重い気持ちになるかもしれない。だが、なってもらわなくては困るのだ。企業経営は「結果がすべて」であり、いくら「頑張っています」と言われても、その頑張りが数字に反映されない限り、まったく評価できないのだ。

さらに、社長会などだけではなく、日常的にも、私はグループ各社の社長と電話などでしょっちゅう連携を取っている。社長たちにしてみれば、いつも私が目を光らせていると感じることだろう。

そのように、グループ各社の社長たちを私が鍛えあげていくことによって、彼らの意識改革は進んでいった。M&A以前、各社の中には倒産の危機に直面していた会社もあれば、成長が止まって停滞していた会社もあった。だが、ワイエイシイグループの一員となってからは、トップの意識改革が進むことによって、各社とも業績が上向いていった。

また、社長会以外のグループ各社の横の連携として、技術部門、営業部門、管理部門、資材部門など、各部門の主要メンバーが集う連絡会議を、年2回開催している。

この会議によって、グループ各社の各部門同士にもよい意味での切磋琢磨が生まれるし、グループ内の同一部門のレベルアップにも繋がる。

例えば、営業部門なら、他社の営業がどんなやり方で営業をしているか、その工夫の一端を知ることができる。外部の他社なら教えてくれないような門外不出のノウハウも、同じグループのよしみで惜しげもなく教えてくれるだろう。そのことによって各社の営業力も向上するのである。

また、近年は全社横断の「アドバイザリー・チーム」が作られている。それは各分野のエリート社員を選抜して構成されたチームであり、1社では対処の難しい問題が生じた場合、チームに依頼すればアドバイスをしてくれる。これもまた、グループ全体が足りない部分を補い、成長していくための仕組みの一つである。

24

トップが社員に語りかけることの大切さ

年3回の「全社集会」の意義

ワイエイシイは創業時から「全員参加の経営」を標榜《ひょうぼう》し、トップが社員の意見に耳を傾けることを重視していた。

ホールディングスになってからは、私が直接語りかける主な対象は、グループ各社のトップとホールディングスの幹部になり、一般社員とのコミュニケーションは少なくなった。それでも、社員一人ひとりとの対話を重んじる基本姿勢は、いまも変わっていない。

そのための最も重要な機会が、年3回の「全社集会」だ。私はこの全社集会を、毎月の社長会など以上に、「自分の考えを伝える場」として重視している。「全員経営」を信条とする以上、常に社員一人ひとりと向き合っていたいという気持ちが強いからである。

全社集会は、年明けの始業日、新年度が始まる4月1日、下期が始まる10月1日に、それぞれ行う。つまり、年の始めと期首という、会社にとって1年の節目となる日に、全社員が集うのだ。

私はその全社集会で、毎回必ず訓示を述べることにしている。その内容は、事業や仕事の話だけにとどまらない。政治経済、社会情勢、世界情勢の分析と予測、そしてそれらを踏まえた業界の動向予測を語った上で、その中にワイエイシイの仕事を位置づけていくのである。

ワイエイシイ全体の現状を語り、直近の目標や長期方針を語り、そこをめざしての戦略も、もちろん語る。いま直面している問題点と、その解決に向けて社員一人ひとりに何をしてほしいかも語る。そしてその上で、企業理念についても、私なりの言葉でかみ砕いて語るのである。

全社集会での私の訓示は、企業経営者によくある、形だけの儀礼的な挨拶とは次元が異なる。それは私の本心からのメッセージであり、社員たちへの決意表明でもある。

創業期に比べて社員が増え、一人ひとりと直接語る機会が持ちにくいからこそ、私はこの全社集会の訓示に、強い思いを込めて臨んでいる。形として「一対多」でも、気持ちの上では一対一で語りかけているような思いで話している。

そのことは、参加した一人ひとりが感じ取ってくれていると思う。皆真剣な面持ちで、私の話に耳を傾けてくれる。

時代は変われど、直接の対話は重要

いまはもう社員数が増えて無理なのでやっていないが、ワイエイシイではかつて、全社員参加の討論会も行っていた。

創業22年の1995（平成7）年度に起きた初の赤字転落の前、店頭公開後の忙しさにかまけて、その討論会を中止にしてしまったことがある。「10 逆境こそ会社を成長させるチャンス」の項目でも触れた通り、そのことも、赤字転落の一つの遠因となったと、私は考えている。

同様に、もしも年3回の「全社集会」をやめてしまったとしたら、そのことが遠因となって業績悪化も起きると思う。それほど、ワイエイシイにとって大切な集会なのである。

それは、決して単なるセレモニーではない。社長の私と全社員が心を一つに合わせるための場であり、そういう場があってこそ、会社は強靭《きょうじん》な生命力を持つことができるのだ。

全社集会以外にも、私はグループ各社に年4回は赴き、社員たちに直接語りかける。また、ホールディングス会社についても、月に1回社員たちを集め、皆の前でグループの状況を話す機会を設けている。

中国、台湾、シンガポール、フィリピンなどの海外拠点にも、年1回は赴いていたのだが、コロナ禍以降は行けなくなったのが残念である。「Microsoft Teams」などのオンライン・ビデオ会議で連携を取っているが、直接会うのとはやはり次元が異なる。

昨今の若い経営者は、社員とのコミュニケーションもメールなどで済ます割合が高いようだ。しかし、私は世代が古いせいか、メールのやりとりなどでは十分に心が通わないと感じる。

どんなに時代が変わっても、企業のトップが社員たちに直接語りかけることの意義は、少しも変わっていないと思う。

経営者は直接の対話を重視すべきである。現実に向き合い、目と目を合わせて対話しなければ伝わらないことはたくさんある。

25

事業承継には
私心を捨てて臨め

「役員の子弟は入社させない」不文律の理由

私は「18　経営者の公私混同は崩壊の始まり」の項目で、「経営者の公私混同が如実に表れることの一つに、親族に対する行き過ぎた優遇がある」と述べた。

その最たるものとして、社長や役員の子どもなど、親族を入社させ、役職面などで実力以上に重用してしまうということがある。

特に、中小企業の場合、創業者の子弟が後継社長となるケースが圧倒的に多い。

そのこと自体が悪いとは言えないが、創業者の子弟だからといって、親の経営センスを受け継いでいるとは限らない。経営者としての能力に問題があるのに、創業者の子だからということで社長に据えられ、当人も周囲も苦労する例は枚挙に暇《いとま》がない。

しかも、そういうことが横行すると、一般社員は次のように受け止めるだろう。

「ああ、この会社は同族会社なんだな。社長や役員の親族ではない私がどれだけ頑張っても、社長にも役員にもなれないだろう。これでは頑張っても無駄だ」

そう思って、仕事の手を抜くようになるか、諦めて退社してしまうだろう。どちらにせよ、会社の活力は大いに低下してしまう。

私はこれまで、取引のあるたくさんの中小企業に出入りしてきたが、多くの企業が社長や役員の子弟を入社させ、後継者とすべく教育をしていた。そうした会社には、一般社員たちの間に、「どうせ次の社長は息子だ」という諦めにも似た空気が流れていた。口にはしなくても、社外の者にすら雰囲気として感じられるのだ。

私は、ワイエイシイをそういう会社にはしたくなかった。だからこそ、我が社には創業以来、役員の子弟は入社させないという不文律がある。明文化した規則ではないが、この不文律は現在まで守られている。創業メンバー5人の子弟はもちろんのこと、現在の役員たちの子どもや親族も、一切入社させていない。それは、「事業承継には私心を捨てて臨まなければならない」という私の信念の発露でもある。

私自身、我が子を後継者にしようと思ったことはない。そのことによって、「ワイエイシイでは、頑張れば役員になれるし、社長にもなれるかもしれない」という夢を、全社員が抱くことができる。それが社員のモチベーションにも繋がっているのだ。

会社が「社会の公器」である以上、役員の子弟であっても不当に優遇されるべきではないし、出世のチャンスは全社員に平等に与えられるべきなのだ。

ワイエイシイの事業承継について

とはいえ、中小企業にとって、後継者不足は由々しき問題だ。黒字経営であるにもかかわらず、後継者がいないという理由で、社長の引退とともに会社を畳む例も増えている。

昨今、「スモールM&A」（小規模企業同士のM&A）の事例が急増しているのも、一つには「事業拡大のためではなく、事業承継のためのM&A」が増えつつあるからだろう。

「後継者がいないから会社を畳もうかとも考えたが、それでは社員たちを路頭に迷わせることになるし、これまで培ってきた我が社の技術も残したい」――例えばそんな理由から、M&Aを選ぶ企業が少なくないのだ。

ワイエイシイも、創業社長である私が高齢となり、事業承継を真剣に考えるべき時期にさしかかっている。「社長や役員の子弟は入社させない」という不文律がある以上、それ以外の人材から後継者を選ばねばならない。

もっとも、社内的には「私の次の社長は○○にする」と、後継者は明確に指名して発表してある。まだ社外に公にはしていないだけだ。

とはいえ、私が経営者として引退するというわけではない。ＣＥＯ（最高経営責任者）・会長として残るつもりでいる。

野村克也《のむらかつや》氏の「生涯一捕手」に倣《なら》って言えば、私は「生涯一経営者」であり、人生最後の日まで経営をやめるつもりはない。

念のために言い添えれば、私は他社が創業者の子弟を後継者に据えることについて、とやかく言うつもりはない。それは他所様《よそ》の話なのだから……。

それに、客観的な目で全社員、全候補者について検討した結果、結局は社長の子どもが後継者に最適任だとわかった……というケースもあるだろう。その場合、我が子を後継者にしても、私心によって歪《ゆが》んだ人選をしたことにはならない。

結局、大切なのは「私心を捨て、会社の将来のためにいちばんよい選択をする」ことが、事業承継を成功させる要諦なのである。

26

「働き方改革」は自発能動で

時代に応じてマネジメントも変わる

「11　経営とは変化対応業である」の項目で述べた通り、私は、時代の変化に敏感に対応して会社を改革することが経営者の大切な役割だと考えている。そして、その変化の中で社員一人ひとりの声に耳を傾けることも、同じくらい大切だ。

いわゆる「働き方改革」へのワイエイシイの対応も、そうであった。

安倍晋三政権時代の２０１６（平成28）年に本格的に始まり、国を挙げての大改革となった「働き方改革」――。それは多岐にわたる動きであったが、我が社も可能な限り誠実に、その流れに対応していこうとした。

例えば、働き方改革の柱の一つは「長時間労働の是正《ぜせい》」であり、我が社もそれに真剣に取り組んだ。

「16　経営者の率先垂範が社員を動かす」の項目で触れたように、私は創業当時から社員の誰よりも長時間労働を繰り返し、そのことによって会社を牽引《けんいん》してきた。いまでも、長時間労働自体は少しも苦にならない。働き方改革で長時間労働がやり玉に挙がったことは、ある意味で、私の過去の働き方が否定されるようなものであった。

とはいえ、時代は変わるものであり、それに合わせて柔軟に変われなければ経営者たる資格はない。半世紀たてば、働き方も大きく変わって当然である。創業時はまだ高度成長期であったから、がむしゃらな長時間労働はむしろ称賛された。だが、いまは真逆だ。そして、その変化は経営者として受け入れなければならない。

帝京大学ラグビー部を、1996(平成8)年から2022(令和4)年まで監督として率い、10度の大学日本一(9連覇含む)に導いた名将・岩出雅之《いわでまさゆき》氏は、同部のありようを根本から変えることによってその偉業を成し遂げた。

大学の運動部といえば、「下級生は上級生に絶対服従」という、軍隊のような組織がイメージされる。しかし、岩出監督は〝いまの時代、そんなあり方では若者たちがついてこない〟と考え、真逆の文化を帝京大ラグビー部に築き上げたのだ。

帝京大ラグビー部のクラブハウスでは、4年生が洗濯・掃除・食事の支度を担当するなど、「上級生になるほど仕事が増える」仕組みになっている。上級生は優しく下級生の面倒を見る。だからこそ、チーム全体の雰囲気が温かいものになる。

そうした文化を築き上げるまでには、監督就任から10年かかったという。そしてその頃から、連覇が始まったのだった。

私はその話を聞き、会社経営にも通ずると思った。時代の変化に応じてマネジメントも大胆に変えていかないと、人はついてこない。働き方についてもしかりである。

27

中小企業はグローバル化にどう取り組むべきか？

失敗も重ねてきた海外進出

ワイエイシイは、いち早く海外進出にも挑戦してきた会社である。

その第一歩となったのは、１９９１（平成３）年、アメリカのカリフォルニアに我が社の駐在員事務所を設置したときだから、もう30年以上も前のことだ。店頭公開以前から、すでに海外進出は始めていたのである。

以後、２００９（平成21）年には韓国に、翌２０１０（平成22）年には中国にそれぞれ現地法人を設立。２０１５（平成27）年にも台湾の拠点現地法人化……と、海外展開の歩を進めてきた。

だが、ワイエイシイの海外進出の歩みは、一方では失敗の歴史でもある。

紆余曲折の果てに、いま残っているワイエイシイグループの海外拠点は、シンガポールと上海のそれだ。他に、２０１５年にＭ＆Ａによってグループ会社となったワイエイシイガーターが設立した四つの海外法人（中国・フィリピン・台湾・マレーシア）と一つの海外拠点（韓国）があるので、現在はアジア各地に六つの現地法人と一つの拠点がある。

ワイエイシイがそれらの海外拠点に担わせている役割は、①国内グループ各社が開発した製品の現地での販売、②一部製品の現地生産、③消耗品・メンテナンス事業の展開、④現地のニーズに基づくオリジナル商品の開発・事業化……の四つである。

ワイエイシイグループ全体として、国内よりも海外での売上のほうが割合が大きかった時期もある。いまはコロナ禍の影響などもあり、かなり売上がしぼんでしまったが、それでも売上の3割から4割は海外で上げている。その意味で、日本企業の海外展開の成功例といってよいと思う。一部のケースの失敗で海外進出を諦めていたら、その成功はなかったことになる。

世の中には、一度でも海外進出で手痛い目に遭うと、「海外はもうこりごりだ」となって、以後は進出をやめてしまう企業が多い。また、それ以前にそもそも、「海外進出なんて、うちのような小さな会社には無理だ」と、初めから諦めてしまっている中小企業も多いだろう。

しかし私は、海外進出をめざしてから、一度もやめようと思ったことはない。今後も中小企業が成長し続けようと考えるなら、海外進出を諦めるという選択肢はないと考えるからだ。

海外から目を背ける選択肢はない

今後、日本の人口が減少を続け、少子高齢化も急速に進んでいくことは、さまざまなデータから明らかだ。国内市場はこれからシュリンク（縮小）していく一方である。経済停滞が長引いた、いわゆる「失われた30年」（ほぼ平成年間と重なる）が続き、日本はすでに先進国とは呼べなくなっていると評する声もある。

一方で、同じアジアの国々でも、マレーシア、ベトナム、インドネシアなど、人口が急増し、経済成長も著しい国々がある。

また、米ゴールドマン・サックスのエコノミストたちからなる調査チームが22（令和4）年12月に発表した直近の予測によれば、中国のＧＤＰ（国内総生産）は２０２５年ごろには米国を上回り、２０７５年ごろにはインドのＧＤＰが米国を僅差で上回るという。

世界に目を向ければ、まだまだ広大な市場が広がっているのだ。そうした中で、日本の中小企業が海外から目を背け、国内だけで生きていこうとするのは、成長を諦めるに等しいことである。

一方、同じゴールドマン・サックスの調査の中で、日本のGDPは2075年ごろに世界12位にまで落ち込むと予測されている。この調査データだけを見ても、これからの日本企業が国内だけにとどまることは、リスク以外の何物でもない。

そもそも、我われのような製造業は、国内だけでは生き残っていくことすら難しいだろう。グローバル時代故に、新興工業国の安価な製品がどんどん日本に輸入されてくる。しかも、かつては「安かろう悪かろう」だった新興国の製品も、どんどん質が高まってきている。

そうした状況の中で生き残っていくには、中小企業が自らグローバル展開をめざしていく以外にないと思う。

コロナ禍によって海外に出かけることすら難しい状況が続き、世界のグローバル化の進展には大きな歯止めがかかったとも言われる。だが、それは一時的な現象に過ぎず、グローバル化の波は決して消えることはない。いまこそアフターコロナ（コロナ後）を見据え、海外展開への準備を進めるべきなのだ。

中国・鴻海科技集団の代表、郭台銘（テリー・ゴウ）氏がワイエイシイを表敬訪問された

大切なのは「信頼できるパートナー」

ワイエイシイは、これまでに海外進出で失敗を重ねてきたと述べた。それらの失敗の原因は、煎じ詰めれば一つしかない。海外故に監視の目が行き届かず、現地を任せた人間に好き勝手なことをされたことである。中には、会社の金の横領のような犯罪行為に遭遇したこともある。

「○○国の人間はモラルが低い」などという差別的なことは言いたくないが、それでも、企業の海外進出を進めていくとき、多くの人が「日本人に比べてモラルが低い」と感じざるを得ないだろう。

横領には至らないまでも、現地の取引先企業が決めた代金を払わないとか、そもそも話が通じない、約束を守らない、嘘をつく……といったトラブルには、海外でしばしば遭遇するはずだ。

そうした難しさがあることは経験上よく知っているから、一度挑戦して「海外はもうこりごりだ」と思う中小企業経営者の気持ちも、よくわかる。しかし、これからの時代に生き残り、成長していくためには、そうした苦しさを乗り越えてグローバル展開を進めなければならないのだ。

したがって、中小企業のグローバル展開で大切なことは、現地に「信頼できるパートナー」を作ることであり、金銭トラブルなどを回避する仕組みを構築することである。国内でも海外でも、結局企業経営にとっていちばん大事なのは「人」であり、「よい人との出会い」なのだ。

中小企業の海外進出は難しい。茨《いばら》の道と言ってもよい。だが、中国の巨大マーケットを筆頭とした、海外市場の広がりと可能性を考えれば、グローバル化は必須である。ワイエイシイは今後もますますグローバル展開を推進し、世界を相手にしていく。他の中小企業経営者、これから起業を考える人にも、その点は強調しておきたい。

28

#「トップクラスの技術」を持て

トップクラスの技術があったからこそ

創業時に作った理念の第1項に「技術集約会社」と掲げたことは、すでに述べた。そのことが示す通り、ワイエイシイは何よりもまず、技術力の高さを強みとしてきた会社だ。

そして、技術の高さにもレベルがある。「同業他社と比べて、○○分野の技術が高い」というレベルでも、国内での競争においてはアドバンテージ（優位性）となるだろう。しかしそれでは、世界に伍《ご》していくには不十分である。

特定の分野において世界トップクラスの技術を持ってこそ、その分野のトップシェアを得ることができ、収益性も向上し、グローバル展開をするときの付加価値にもなるのだ。

そして、手前味噌になるが、ワイエイシイは四つの事業領域において、それぞれオンリーワン技術と呼べるものを持っている。だからこそ、それを原動力として時代の荒波を乗り越え、半世紀にわたって生き残ってこられたのである。

四つの事業領域とは、メカトロニクス関連事業・ディスプレイ関連事業・産業機器関連事業・電子機器関連事業である。

それぞれ多岐にわたる分野だが、代表的なオンリーワン技術として、例えばメカトロニクス関連事業のハードディスク用バーニッシャー装置（ハードディスクの中に組み込まれたディスクの表面を、研磨してなめらかにする装置）が例として挙げられる。この分野に関しては、ワイエイシイが蓄積した豊富な技術は他社の追随を許さず、世界シェア100％を実現している。ハードディスクドライブを生産している世界の主要メーカー5社の製品に、すべてワイエイシイのバーニッシャーが用いられているのだ。


また、産業機器関連事業はクリーニング業者に提供する専門機器を中核としているが、クリーニングに関するさまざまな自動化機器では一貫して高いシェアを誇っている。

ワイエイシイは元々自動包装機メーカーとして出発し、そこから派生したクリーニング仕上げ後の衣服の自動包装機を創業期に手がけた。我が社としても長い歴史の積み重ねを持つ分野であり、だからこそ技術の蓄積も豊富で、いまでは包装機のみならず、クリーニング仕上げ機全般を手がけている。

近年、アジアの新興国では、店舗型ではない、オンラインでのクリーニング・ビジネスが普及してきている。スマホでクリーニングを注文し、業者が自宅に衣類の集荷に来て、仕上がった衣類をまた宅配するという、ネット完結型のクリーニングである。その普及に伴い、我が社が持つクリーニング関連の自動化技術も脚光を浴びている。他社の追随を許さないオンリーワン技術を持っていれば、グローバル展開においても大きな力になるという好例と言えよう。

オンリーワン技術がもたらす期待の業務提携

ワイエイシイが開発した「毛髪縦断スライス装置」という装置がある。その名の通り、人間の髪の毛を縦方向（長手方向）に切断する装置である。人間の髪の毛には様々な物質が閉じ込められており、その物質を分析することによって様々なことがわかる。人間の髪の毛は1カ月に約1㎝伸びるといわれており、病気にかかっているとか、どんな薬物を摂取したかなど、12㎝の髪の毛からその人の1年分の体の状態を分析できる。分析をするためには、髪の毛を長手方向に切断する必要があり、この装置はまさにそのための装置である。

２０２２年12月にワイエイシイが業務提携を発表した米国「ライナスバイオテクノロジー社」は、自閉症、アルツハイマー型認知症、ガンなど、様々な病気を早期発見する事業を手掛けており、髪の毛を切断する装置を自社で開発したり、他社の装置を探したりしていたが、ある時、「毛髪縦断スライス装置」を偶然見付けて、「これだ！」とワイエイシイに声をかけてきた。まず私が渡米し、ライナスバイオテクノロジー社のＣＥＯであるマニッシュ・アローラ博士と面会し、当面の展望や将来の夢を語り合い、この時点で一緒に事業展開を進めることを決め、業務提携契約を締結し発表した。その後、アローラ社長自身も来日し、共同記者会見を実施した。

このビジネスは、様々な病気を早期発見し、早期治療に繋げることができる画期的なビジネスである。現在一般的に行われている病気の発見方法は、血液の採取であるが、わざわざ病院に行かなければならない上、採血した時点の体の状態しか分からない。これに対して、髪の毛はいつでも自分で採取することができ、しかも長期間の体の状態が明らかになる。

2022年12月、ニューヨークのライナスバイオテクノロジー本社にて、業務提携契約を締結（左・CEO マニッシュ・アローラ博士）

2023年4月4日、ニューヨークの新ワールドトレードセンター前にて

また、郵送すれば検査ができるため、検査のハードルは格段に低くなり、多くの人が幅広く利用する環境が出来あがるだろう。そして、病気だとわかった人が早期に治療を受けることができ、誰もが健康な世の中になるだろう。これは、まさにＳＤＧｓのゴールの一つである、「すべての人に健康と福祉を」が実現できる可能性を秘めている。私は、このビジネスに大いに期待している。

ワイエイシイのオンリーワン技術が、広く世の中に貢献する。この夢をできるだけ早く実現させるべく、今まさに全力で進めている最中である。

オンリーワンでも安住はできない

スポーツ界では、トップアスリートたちによって世界記録が年々更新されていく。同じように、どんな分野のオンリーワン技術も、ずっとオンリーワンであり続けることはできない。一つのオンリーワン技術を持ったことに安心して進歩を止めれば、早晩同業他社に追い抜かれるだろう。しかも、技術革新のスピードは、ワイエイシイを創業した半世紀前と比べ、大幅に上がっているのだ。

だからこそ我が社も、各事業領域のオンリーワン技術に安住したことは一度もない。それらは、いまはオンリーワンでも、来年にはそうではないかもしれない。そのような緊張感を常に持って、技術のさらなる革新と、別の新しいオンリーワン技術の創造をめざしていかなければならないのだ。

一つのオンリーワン技術が、いまはたまたま大きな利益を生んでいたとしても、そこに安住してしまったら、「技術集約会社」としての進歩は止まってしまう。そうならないよう、私はいつも社員たちに発破をかけている。

ただ、そうはいっても、オンリーワン技術が一朝一夕に出来上がるはずもない。だからこそ、グループ各社から、オンリーワン技術に繋がるようなアイデアを常に募っている。「13　新製品のヒントは現場にある」の項目で紹介した、量産新製品のアイデアを募っているという話がそれに当たる。実用化に繋がるよいアイデアを出した社員に対しては報奨金も支払うことにしてあるのだ。

それは、ゼロから新しいものを作るようなアイデアに限らない。むしろ、ゼロからのアイデアは結局思いつきだけの絵空事に終わることが多く、期待できない。

それよりもむしろ、すでにいまワイエイシイが持っている技術を、別の分野、別の事業に持ち込むことによって新たなオンリーワン技術にする——そういうアイデアこそが必要なのだ。

例えば、先ほど述べた「ハードディスク用バーニッシャー装置」に使われている世界トップクラスの研磨技術を、何か別の用途に使えないか？ そういうことを、私は常に考えている。

いまの社会では、ゼロからのイノベーションではなく、関連のなかった異分野のアイデアを融合することで生まれる「融合のイノベーション」が主流になっていると言われる。ワイエイシイの多岐にわたるオンリーワン技術も、異なる分野に融合することによってイノベーションが生まれるかもしれない。それを模索することも、一つのオンリーワン技術に安住しないための知恵なのである。

29

会社を高収益体質にせよ

「ファブレス化」で高収益体質に変わった

メーカーでありながら製造部門を持たず、設計・開発のみを行い、製造は他社にアウトソーシングする経営手法を「ファブレス（fabless）」と呼ぶ。

元々は、１９８０年代くらいから、米シリコンバレーなどでベンチャー企業が取り入れ始めたものである。ベンチャー故の資金の乏しさを補う意味もあっただろうが、シリコンバレーに多いＩＴ関連企業は浮き沈みが非常に激しいという事情もある。「シリコン（半導体）サイクル」という言葉もある通り、技術革新のスピードが速い半導体関連産業は短期間で大きく需要が乱高下することも多く、自前の工場をずっと維持することが難しいのである。

業績が大きく上がった時期に工場の雇用を増やして対応すると、逆に大きく沈んだ時期には大量解雇する羽目になる。そうした悲劇を避けるべく、シリコンバレーでは最初から工場を持たず、企画・開発などのコアコンピタンス（企業の中核となる強み）に集中することを選択したわけだ。

ワイエイシイも、2002(平成14)年にITバブル崩壊の影響で需要が激減し、そのために大幅減収となり赤字となったことを機に、この「ファブレス化」に取り組んだ。ただ単に技術革新のスピードが速いだけなら、わが社は頑張ればついていける。だが、問題は急激な需要減であった。

需要が減れば、工場の従業員に仕事がなくなり、遊ばせておく羽目になってしまう。悩んだ末、ファブレス化を決断したのであった。

生産設備と人員の整理を行い、ワイエイシイは営業・技術開発・サービスの会社となった。この三つの部門だけはけっしてアウトソーシングできないという、コアの部分だけを残したのである。まさに「選択と集中」であった。

ファブレス化すると、生産のための設備投資や雇用が不要になるので、会社は大幅に身軽になることができる。必要なときに、必要な製品を必要な量だけ、アウトソーシングによって生産すればよいからだ。そのため、ビジネスの効率化が進み、収益性が高められる。それに、ワイエイシイの事業はハイテクが中心なので、元々ファブレス化に向いていた。

2002年に赤字転落を経験したにもかかわらず、ワイエイシイは5年後の200

7（平成19）年には売上226億円、営業利益36億円と、過去最高益を達成した。この時期にパソコン需要が急伸し、ワイエイシイのバーニッシャーの売れ行きが絶好調だったことが背景にあったが、同時にファブレス化の好影響も大きかった。

ファブレス化によって、ワイエイシイは高収益体質に変わることができたのだ。

なお、高収益体質の優良企業として名高い電気機器メーカー「キーエンス」も、日本では先駆的にファブレス化したメーカーである。同社がファブレスにもかかわらず、営業利益率が一貫して非常に高いことから、学ばなければならないことが多いと感じている。

もちろん、ファブレス化はメーカーだからこそ取り得る選択肢だが、自社を高収益体質に変えるための方策を、社長はいつも考えておくことが大切である。

「選択と集中」の難しさ

ファブレス化した企業からのアウトソーシングを専門に請け負う、「ファウンドリ」と呼ばれる専門工場になる方法もある。「我が社は高い生産技術を持っているが、開発力・営業力などは乏しい」という場合、そちらを選ぶ形で身軽になる道も一つの選択肢だろう。

余分な部署を整理統合、あるいは廃止し、大事な部署に力を集中させる「選択と集中」は、経営手法の「基本のき」である。

ただ、口で言うのは簡単でも、実際に効果的な形で「選択と集中」を実行することは、実はとても難しい。「いま赤字の部門を切り捨て、黒字の部門にリソースを集中すればよい」というだけで済む話ではないからだ。

いまは赤字部門だとしても、あと数年辛抱すれば黒字になるかもしれない。逆に、いまは稼ぎ頭の部門でも、数年後には衰退しているかもしれない——そういうことが常に起こり得るものであり、経営者には未来を見据えた賢明な判断が求められるのだ。

そうした好判断のモデルケースとして、東レが炭素繊維部門を赤字でも守り抜いた例がある。

炭素繊維はいまでこそ東レの稼ぎ頭であり、飛行機、自動車などにも広く用いられている。しかし、実はかつてはなかなか利益が出せない赤字部門であったのだ。

東レと同時期に欧米の大企業も炭素繊維の事業化に挑戦していたが、彼らはなかなか利益が出ないために音を上げて、途中で炭素繊維の分野から撤退していった。その結果、「近い将来、絶対に巨大事業になるから」と確信し、赤字でも踏ん張り続けた東レの一人勝ちとなった。

赤字部門だった炭素繊維から撤退した欧米企業は、「選択と集中」の原則に従ったのであり、その時点では正しかった。しかし、長いスパンで見れば、赤字に耐え抜いた東レの選択のほうが賢明であったのだ。

そういうことが、どの分野の企業にも起こり得る。だからこそ、「選択と集中」の決断は経営者にとって真剣勝負なのである。

重大な岐路で選択を誤らないために、何よりも大切なのは実際に事業を推進している部門の重視だ。その部門の声にしっかりと耳を傾けていれば、そうそう愚かな選択はしないで済む。

そして、そのような難しさはあるとしても、「選択と集中」によって会社を高収益体質にすることは、常に重要なのである。

30

社長の情熱と執念こそが、企業の命運を決める

すべては社長の責任

最後の結論として、社長が持つべき根本の覚悟について触れておこう。

「日本のドラッカー」とも呼ばれた伝説的な経営コンサルタント・一倉定《いちくらさだむ》氏の有名な言葉に、「電信柱が高いのも、郵便ポストが赤いのも社長の責任である」というものがある。

また、やはりよく知られた「一倉語録」には、「『社長が知らないうちに起こったこと』でもすべて社長の責任なのだ」や、「いい会社とか悪い会社とかはない。あるのは、いい社長と悪い社長である」という言葉がある（以上、『一倉定の社長学』による）。

これらは、いささか大げさに表現した言葉ではあるが、「会社で起きたことは、究極的にはすべて社長の責任」という意味であり、社長としての覚悟を説いたものだろう。私も、基本的には同じように考えている。

会社の業績が悪化したり、赤字になったりしたとき、その責任を自分以外のものになすり付ける社長がいる。社員の無能や失敗のせいにしたり、景気のせいにしたり、外部環境のせいにしたり、同業他社のせいにしたり……。

私に言わせれば、実にみっともない態度である。経営者の責任とは何よりもまず損益に対する責任であり、業績悪化の責任は社長一人が負うべきものなのだ。

仮にその悪化が社員のせいだとしても、その社員のやる気を引き出せなかったのは社長の責任である。また、外部環境の変化による悪化であったとしても、その変化を予測して先手で対応できなかった社長の責任なのである。

社長にとって最も大切なことは？

極論すれば、企業の命運はすべて社長が握っている。

会社が成功するか失敗するか、いきいきとした会社になるか、陰々滅々とした会社になるかは、すべて「経営者の責任」であり、経営者の心の反映なのである。

社長の情熱と執念は、社員たちに電撃のように伝わり、その企業の空気・雰囲気を作る。それが社員たちのやる気を作る。そして、日々の会社の空気の積み重ねが、やがて社風となる。

それは、本質的には大企業でも同じことである。ただ、大企業は社長と一般社員の距離が近くないから、中小企業ほどストレートに社長の心を反映しないものだ。

それに対して、中小企業は社長との距離が近く、社長の裁量・決断によって会社が動く度合いが高い。特に創業者のオーナー社長の場合、会社は隅から隅まで社長の心の反映なのである。

そうした傾向は、社員100人以下の小さな会社に、とりわけ顕著である。私は常々、「社員100人以下の会社は、社長ですべてが決まるものだ」と言っている。

だからこそ、社長は情熱と執念を忘れてはいけない。経営には戦略も必要だし、日々の学びも大切だ。しかし、煎じ詰めれば、社長にとってもっとも大切なのは、経営に対して情熱と執念を燃やすことなのである。

読者の皆さんも、2021（令和3）年の夏に行われた「東京オリンピック・パラリンピック」を応援したことと思う。半世紀にわたって社長を務めてきた私は、何を見ても経営と結びつけることが癖になっているため、オリンピックのテレビ中継を観ながら、こんなふうに考えた。

「金メダルを獲得するようなアスリートの、メダルに向けた執念というのは、どれほど強いものだろうか？　執念を計測することはできないが、それはおそらく、人類最強レベルの執念であるに違いない。持って生まれた才能に加え、強い執念で努力を続けるからこそ、彼らは金メダルを獲得できるのだ。

社長がそれくらいの執念を持ったとしたら、どんな会社でも成功しないはずはないな」

経営には、社長の執念がそれくらい重要だということだ。

情熱と執念の大切さに比べたら、経営にまつわる小手先の知識やテクニックなど、些末《さまつ》なことにすぎない。

情熱と執念を持って、目標に向かって真一文字に進んでいくこと――経営者がそうした姿を見せてこそ、社員たちも本気になる。社長は社員たちに対して、百万言を費やすよりも、まず情熱と執念を示すべきだ。

「社長の情熱と執念こそが、企業の命運を決める」――最後の一項の見出しに掲げたこの言葉が、私の半世紀の経営者人生の結論であり、経営の最重要エッセンスなのである。

あとがき——「半世紀の歩みそのものが、私のメッセージ」

2023（令和5）年5月、ワイエイシイは創業50周年の佳節を迎える——。本書は、その佳節までの刊行をめざして、日々の仕事の合間にコツコツと執筆してきた原稿をまとめたものである。どうにか間に合わせることができた。

35歳でワイエイシイを創業した私も、80代半ばとなった。まだまだ気概では若い者には負けないつもりでいるが、「人生の総仕上げ」を意識する時期にさしかかったことは間違いない。

本書もその総仕上げの一環であり、半世紀に及ぶ経営者人生でつかんだ経営哲学の集大成となることを意図した内容となっている。

尊敬する松下幸之助氏の著作のような、重みと深みはないかもしれない。しかし少なくとも、本書の内容に「机上の空論」はただの一つもない。ワイエイシイという会社をゼロから起こし、50年間成長させ続けてきた実体験に裏打ちされたアドバイスだけを集めてあるのだ。

1994（平成6）年の店頭公開後、各地から講演依頼が殺到したことは、本文で述べた。それらの講演に集った経営者たち、起業を考えている人たちが、私の話に熱心に耳を傾けてくれた様子が、私には忘れられない。

あの頃の聴衆に再び語りかけるような思いで、私は本書を書いた。

あれから30年近くが過ぎ、私の経営者としての経験は、当時よりずっと豊富になった。また、日本の中小企業を巡る環境は、大きく様変わりしている。そうした蓄積と変化を踏まえ、「いまならどんな講演をするだろうか？」と考えつつ、筆を進めたのだ。

したがって、本書は何よりもまず、企業経営者と起業志望者に向けて、私が考える経営のエッセンスを伝えるための本である。

もちろん、ワイエイシイとグループ各社の幹部と社員たちに向け、私の経営哲学を伝えることも、本書刊行の目的の一つではある。ただ、社内向けの内容にとどまるものではなく、広く世に私の経営哲学を問うものであることは、強調しておきたい。

非暴力に徹してインド独立を成し遂げた「裸足の聖者」マハトマ・ガンディーは、「私の人生そのものが、私のメッセージです（My life is my message）」と言ったという。

その伝で言えば、「経営者としての半世紀の歩みそのものが、私のメッセージである」ということになるであろうか。

八畳一間のオフィスで、たった5人からスタートした会社が、半世紀を経て、17社からなるワイエイシイグループとなり、東証プライム上場も果たし、グローバル展開もしている。その歩みの中には、経営に必要な普遍的な知恵もちりばめられているはずである。


なお、このような「あとがき」にすると、私が経営者として引退するかのように思い込む人もいるかもしれない。だが、私は引退などまったく考えていない。

ワイエイシイの直近の目標は、２０２５（令和７）年までに「粗利率30%、社員一人当たりの売上規模５０００万円以上」を達成することである。

また、少し遠い目標として、２０３０（令和12）年までにグループ全体として売上１０００億円を超えるという目標も掲げている。

この小著が、少しでも読者諸氏の経営改善のお役に立てたとしたら、あるいは起業をめざす人の背中を押すことができたなら、著者としてこれに過ぎる喜びはない。
最後に、本書の刊行にお力添えをいただいたすべての皆様に感謝申し上げ、筆を擱《お》くことにする。

著者

【著者】

百瀬武文（ももせ・たけふみ）

長野県松本市出身。1973年5月、ワイエイシイ株式会社を設立、代表取締役社長に就任。

1994年6月、日本証券業協会に株式を店頭登録。

2006年10月、東京証券取引市場第二部に上場。

2007年12月、東京証券取引市場第一部に指定される。

2017年4月、ワイエイシイ株式会社のホールディングス化に伴い、ワイエイシイホールディングス株式会社代表取締役社長に就任。

2022年4月、東京証券取引所の新市場区分への再編により、プライム市場へ移行。

主な著書に『町工場的発想から脱却せよ』（幻冬舎ルネッサンス・2008年）、『「全員参加」の会社が成功する』（幻冬舎ルネッサンス・2013年）、『未上場企業への光明』（WAVE出版・2018）がある。

起業から成長、そしてさらなる成長へ
ゼロからプライムへ　50年の情熱と執念　社長の成功体験記

2023年5月30日　第1刷発行

著者 ―――――― 百瀬武文
発行 ―――――― ダイヤモンド・ビジネス企画
〒150-0002
東京都渋谷区渋谷1-6-10 渋谷Qビル3階
http://www.diamond-biz.co.jp/
電話 03-6743-0665（代表）

発売 ―――――― ダイヤモンド社
〒150-8409　東京都渋谷区神宮前6-12-17
http://www.diamond.co.jp/
電話 03-5778-7240（販売）

編集制作 ―――― 岡田晴彦・藤原昂久
編集協力 ―――― 前原政之
装丁 ――――― 宮田崇之
DTP ―――――― 齋藤恭弘
印刷・製本 ―――― シナノパブリッシングプレス

ISBN 978-4-478-08503-5